U0033768

抗戰勝利前後
國民政府的審計工作
（1946）

The Audit of Nationalist Government,1946

導言

侯嘉星
國立中興大學歷史學系助理教授

一

　　中國近代史眾多議題當中，最受學者關心的焦點之一，即是探討現代國家建構（State Building）之過程，圍繞著國家建構經驗所展開之制度規劃、現代化事業、教育文化改造，乃至社會生活變遷等各種豐富多元的探討。毫無疑問，中國現代國家之建構，深受十九世紀以來歐洲經驗的影響，藉由模仿而引進共和政體、議會制度，逐漸形成現代中國之雛形。在這些體制中，審計制度乃為全新之經驗，有別於傳統中國隸屬於戶部之國家收支劃分，而是在政府當中建立一個全新的獨立監察機構，可以說是對現代國家財政紀律的初步嘗試。

　　審計部門為現代國家控制預算決算之機構，1912年9月，北京政府成立了獨立的審計處，直屬國務院。1914年改稱審計院，位階提升為總統府下一級單位。審計工作之重要性，關乎現代行政組織之運作，彼時相當於臨時憲法之《中華民國約法》中第57條載明，「國家歲出歲入之決算，每年經審計院審定後，由大總統提出報告書於立法院請求承諾。」換言之，預算經立法院通過後，仍以審計院進行決算之管制，藉此規範政府財政運作。1928年南京國民政府成立後，將審計院改

隸於國民政府，至 1931 年五院成立後，成為監察院之
審計部。1914 年北京政府公布《審計條例》作為審計
工作之法律依據，1925 年 11 月，廣州國民政府成立不
久，也通過《審計法》，藉由制度規範達到財政控管的
目標。當然，從這些對審計事業的追求中，也能發現藉
由建立歲出歲入的預算決算制度，以及獨立查核機構，
從而成為現代行政體體制的基礎。

　　由於審計工作關乎現代國家建構，早在 1930 年
代，已有不少關於審計、國家預算的討論，例如《近代
各國審計制度》（1931）、《我國現行事前審計制度》
（1934）、《中國政府審計》（1947）、《政府審計原
理》（1947）等等，顯示時人對審計制度頗為重視。此
外，中華民國審計部編有《中華民國政府審計史記》
（1986）、《中華民國政府審計史記續編》（2016），
從其機關沿革史能觀察審計工作之變遷。受近年來民國
熱之影響，大陸學界也推出不少審計預算相關著作，先
是由二檔館推出的《中國會計史料選編》（1990）、
《中國審計史綱要》（1990）等官方編修之史料集，接
著陸續出現如《中國審計史》（2004）、《中國審計史
稿》（2006）等研究著作，相關博碩士論文更多達數十
種，都顯示審計作為國家建構之一環，在現代國家體制
引進的過程中深受學者重視。

二

　　當然，必須要指出的是，過去這些關於近代中國審
計制度的研究，多半是由政治學、會計學或公共行政方

面的學者所完成。即便是廿一世紀以後數十篇的學位論文，也集中於審計學院、財經學院等科系，歷史學家們對此課題的投入，遠較上述社會科學方面的研究者更少。細思史學對審計工作涉獵不深的原因，除了該工作充滿枯燥之數字外，還包括民國時期特殊時代背景對審計制度的限制，儘管二十世紀初期中國朝野人士，已有引進審計制度，建立財政紀律的構想，但是在現實環境中，此一制度的發展仍跌跌撞撞，備受挑戰。民國時期審計工作推行之阻礙，大抵有以下四點：

首先是無論北京政府或南京政府時期，國家財政收入枯竭，中央政府的歲入歲出大量仰賴外債、公債，導致財政運作體制十分不健全。由於國家財政運作已極困難，甚至很多時候必須放任地方或軍方自行籌措財源，自然導致中央政府建立之監察審計制度，難以真正落實。此一現象在北京政府時期尤為嚴重，雖然中央已設立審計院，但省級的審計處卻長期付之闕如。直到國民政府成立後，加強各省財政紀律，才使審計工作在地方上有所推展。

其次，在中央政府的財政支出方面，自民國成立之際，審計部門原則上已建立以各部會為基準之國家總預算制度。至 1914 年時該制度在袁世凱強勢領導下仍具雛形，但隨著北洋軍閥陷入混戰、中央政府各派系分別把持，財政系、交通系等各自掌握派系所屬財源後，國務院對所屬部會之控制力下降。及至 1916 年袁世凱過世後，北京政府的運作越形困難，乃於 1920 年代達到高峰。在此困難環境下，審計部門的工作自然也受到

政府控制力衰弱的影響，並未能真正發揮作用。相較之下，南京國民政府建立後，對國家總預算制度頗有堅持，也十分重視審計工作，1931 年的《國民政府組織法》中設立五院制度，更明定監察院之職權為彈劾與審計。在國民政府努力下，至抗戰前，已有二十餘個省市設有審計處，逐漸推動政府對地方的財政管理。

其三，審計工作推行之困難的另一端，其實是中央與地方之角力。北京政府時期，中央對地方的控制力不強，使得地方財政運作各自為政。國民政府成立後仍然面臨中央與地方對抗的老問題，除了部分國府能直接控制的省分外，許多地方仍必須與當地實力派合作。然而相較於北京政府更有利的是，國府推動之關稅改革、稅務改革、建立文官體系等工作，以及隨著中原大戰、剿共等戰役加強對地方的控制逐漸取得成果，至少在省級的財政監理工作較有進展。換言之，審計工作所表現之中央與地方角力，無疑也是現代國家建構中不可忽視的一環。

最後，近代中國的審計工作，不可避免深受戰爭的影響，北京政府時期受到軍閥混戰的限制；南京政府時期則因中日戰爭爆發，進入戰時體制後有很大衝擊。雖然至 1937 年以前，國民政府努力建立獨立的審計制度，但戰爭爆發後，各戰區的財政籌措、各省政府轉進山區後的運作等，勢必難以繼續遵循戰前的制度。不僅如此，中央政府的運作，也因為戰時體制的緣故，重心轉移到軍事委員會，行政院乃至五院運作都相形失色。在戰爭的影響下，軍費成為國家主要支出，而審計工作

又偏重於行政部門，造成結果便是佔歲出大宗的軍事用途，成為監察審計難以兼顧的範疇，自然對整體政府財政紀律有所影響。抗戰爆發後，國民政府並非沒有注意到此問題，重慶方面仍希望能掌握軍隊財政紀律，然而人手有限的審計部，面對龐大的軍民組織，自然顯得無能為力了。

三

從民國審計工作的發展歷程來看，國民政府時期顯然頗為關鍵，其意義在於加強對中央政府內部之控制，以及提升地方政府的財政紀律。有關國府時期審計工作，現存檔案史料不多，審計部本身文件攜來臺灣者甚少，多數於戰亂中散失。本次出版之《抗戰勝利前後國民政府的審計工作》，係 1944 年、1945 年及 1946 年審計工作報告，彙整年度政府歲出歲入及各省收支情況。出版時 1944 年該冊增補許多審計法規，對研究者來說無疑十分便利。

報告書的基本體例分成四大部分，第一部分為國家整體歲出的概覽；第二部分為中央政府歲出統計，又分為普通歲出（即經常門）和建設歲出（即資本門），這兩類又個別以中央部會及省市政府分別敘述，另外還有特別支出的項目；第三部分為「自治財政歲入歲出審計概況」，針對各省縣財政進行抽查，並通報缺失要求改善。第四部分，則針對該年度的調查繪製各種圖表，呈現國家審計的概況。報告最後更附有檢討及建議事項。從這些報告，可以看到國民政府建立財政紀律的努力，

至少到戰時及戰後，仍十分重視審計工作。藉助這套史料的出版，研究者可以從審計工作的具體情況，了解國民政府實際執行之成效。如能搭配國史館之《國民政府檔案》，對國府時期現代國家建構的課題，諒必有更深刻的研究。

但是另一方面來說，使用這些審計報告，還是有諸多限制。其中最關鍵的問題，是這些審計工作建立在法幣的基礎上，抗戰末期嚴重的通貨膨脹，使得法幣貶值之壓力日益升高，直接反應為國家預算編製之困難，往往上一年編列之預算，實際執行時就需要不斷追加調整，導致決算時往往是預算編制的數倍以上。由於貨幣波動過大，事前審計工作難以達度預期目標，而使得這些報告的數字，不容易反映真實情況。

由於中國幅員廣大，各省市受法幣貶值影響不一，造成沿海或新式交通沿線的縣市財政運作較為順暢，內陸或山區省縣則面臨經常門與資本門波動過鉅的影響更大，因此引發利用此一資料的第二個問題，亦即區域落差的現象嚴重。由於審計報告受限於人力物力，僅能以省為單位分述，難以針對具體的縣進行審計管理，僅從各年度報告中呈現的各省情況，也能觀察到同一套貨幣衡量標準，在不同地方難以換算衡量的問題，使得此一報告並不容易使用。

雖然地方政府差異甚大，使用頗有窒礙，但幸好這批史料對中央政府的財政運作，提供比較一致的分析基礎。研究者可以藉由部會財政結構、資本門建設項目等考察，對此時國家建設及行政體制有更完整的認識。

若仔細分析這些資料，不難發現國民政府經歷八年抗戰後，中央財政惡化極為嚴重，收入仰賴債務，支持又大半投入軍事國防方面，不難想見政府艱難處境。換言之，這批審計報告，不僅只是國家審計工作之概況而已，更是研究者了解抗戰勝利前後政府日常運作的鑰匙，從中能掌握中央與地方財政的宏觀圖景。這對於回應近代史中，廣受各界關心之問題——為何國民政府在贏得抗戰勝利後，卻在短短四年間揮霍了勝利累積的聲望，乃至失去大陸，於 1949 年輾轉來臺？——有更全面的解答。

四

海內外中國近現代史研究者，普遍注意到，抗戰期間是中國建立現代國家的關鍵時刻，借助戰時的動員宣傳，使國家意識深入到社會各階層；也通過總動員體制，強化國家對物資的調度與運用。作為現代國家建構的一環，財政紀律無疑也是值得被關注的主題。審計工作史料的出版，除了提供制度史方面對審計法規、中央審計部與地方審計處之權責劃分，以及審計運作的種種細節作為研究基礎外，從其中之數字結構之分析，亦能對國家整體財政有更全面地掌握。因此本套史料問世，有助於研究者思考現代國家體制建立的問題。

有關此一討論不僅限於歷史學家之間，事實上政治學、公共行政等社會科學，也將國府經驗視為現代國家治理的案例。特別是 2000 年以來大陸地區國家治理的複雜性，往往使得國府經驗成為學者引以為鑑之參考。

　　既然社會科學界對國府經驗頗有重視，歷史研究者們更
不應該自外於這波浪潮，若能藉機拓展歷史研究的現實
關懷，或許能提升歷史研究對當代社會的影響力，《抗
戰勝利前後國民政府的審計工作》正好扮演這樣的作
用，期待能成為跨學科研究者共同重視的史料。

　　另一方面，雖然現代國家建構固然吸引跨領域學者
重視，但對社會大眾而言，更引人注目者，是此一建構
過程究竟遇到什麼問題，導致大陸淪陷的結果。細讀這
批審計報告，依然能發現儘管國民政府加強對地方的控
制，但時至 1945 年，仍有許多地方是政府未能有效執
行之處。換言之，經歷戰時體制的整頓動員，上層政府
與基層社會之間，仍存在許多隔閡，這或許是國共內戰
最終局勢逆轉的原因，也是國民政府在從事現代國家建
構時難以克服的一大問題。

　　總之，《抗戰勝利前後國民政府的審計工作》儘管
受到政府組織、貨幣波動的限制，導致在研究利用上需
克服一些障礙，但從宏觀視野來看，其不僅是民國以來
藉由審計工作完成現代國家建設的成果展現，也是戰時
國民政府落實國家紀律的努力。更重要的是，這些資料
提供宏觀的立場，能很快掌握政府財政運作的梗概，作
為中國現代史研究的基礎。

編輯凡例

一、本書原件為俗體字、異體字者，改為正體字；無法
　　辨識者，則改以符號□表示。

二、書中排版格式採用橫排，惟原文中提及如左如右等
　　文字皆不予更改。

三、若有未盡之處，敬祈方家指正。。

目　錄

緒言

　　按審計法第二十八條之規定，審計部應將每會計年度審計之結果，編製審計報告書，並得就應行改正之事項附具意見，呈由監察院呈報國民政府。此項報告書之編製肇始於民國三十年，截至三十四年度，節經按照會計年度先後繕呈在案，本報告書係就三十五年國庫整個收支及其結束辦法之規定期間為限，本年度適值復員工作加緊之際，支出浩繁，國庫收支結束期間一再展緩至三十六年八月底止，故本報告書編列事前事後審計及稽察工作，均截至國庫收支結束時期止，其送審逾期者概不列入，俾易整編。本年度自七月份起財政收支系統改制，本報告書第二章第二目省市支出在三十五年六月以前，應屬於中央歲出，但在三十五年七月以後，省市收支應屬於第三章自治財政系統，惟各省市政府在財政收支系統倉卒改制後，省市預算核定綦遲，故各省市下半年度呈請追加上年度支出或請補助者，仍沿以前年度統收統支之舊例，是以中央歲出與自治財政收支界限，未能劃分清楚。在抗戰時期自治財政之審計，以抽查縣財務為各省審計處中心工作，三十四年度開始時，因戰事緊張，奉令暫行停辦，本年度仍賡續前規加緊辦理，於縣地方財務之促進改善裨益良多，再本年度國家歲出總預算科目與以前年度有殊者，厥為復員支出，故本部對於此項支出之審核，尤為注意。本報告書編製體制仍照

以前年度辦理，以國家總預算為經，審計之結果為緯，
依預算目次就事前事後審計及稽察之結果，擇要敘述，
並以建議改進事項殿其後，提供採擇，用陳梗概，敬祈
鑒督。

第一章　國家財政歲入審計概況

第一節　總述

　　查三十五年度國家總預算依歲入來源別，各部門原列預算總計二萬五千二百四十九億三千四百七十二萬五千元，經分別追加三千二百九十六億二千二百八十二萬七千六百零六元九角三分，追減七百九十億零二千四百六十一萬四千零一十七元，其中包括八億五千三百一十萬元，係財政收支系統改制後，下半年度各省市部份應追減數，又於前年度預算轉入數為三十五億五千零五十四萬零八百六十二元八角四分，是其調整後之預算數總計為二萬七千七百九十億零八千三百四十七萬九千四百五十二元七角七分，本部國庫總庫審計辦事處核簽數，總計為七萬九千四百四十億零二千五百六十三萬二千七百八十三元五角，總計實收數較預算數超收五萬一千六百四十九億四千二百一十五萬三千三百三十元零七角三分。

　　三十五年度歲入類事後審計，仍依本部一貫方針積極推進，舉凡收入數額較小者，如各種規費收入、罰款及賠償收入、財產及權利之孳息收入、捐獻及贈與收入、預算外收入及其他收入等，依通常程序審核，即可收防杜之效，惟稅課收入暨公有營業、公有事業

收入，如僅憑書面審核，對於詐偽謬誤等弊竇，每難盡情發現，故除對國庫總庫及各省市分支庫等經收，或主管機關派員駐審，以加強監督庫收外，復派員抽查各經徵或主管機關歲入賬目，並派員巡審各公有營業機關之收入，以切實監督歲入預算之執行，使一切收入得以涓滴歸公。本年度財政收支系統恢復三級制監督，歲入預算執行範圍因亦隨之更變，統計本年度上半年度省市收入，送審金額五億九千六百九十六萬二千六百一十五元，內有依法決定核准數一億零五百五十三萬一千六百四十三元，暨按歲入預算核對相符而准予存查數四億九千一百四十三萬零九百七十二元，至本年度中央歲入送審金額共四億八千四百零一萬七百八十五元八角二分，經核相符，全部予以核准。

第二節　各項歲入之審計

本年度國家總預算歲入，祇分經常、臨時兩門，以本部國庫總庫審計辦事處編報核簽各項歲入金額表，均未分門列報，僅將三十五年一月一日起至三十五年十二月三十一日止核簽數說明與各科目預算數之比較情形如次：

土地稅：總預算列有田賦、契稅、地價稅、土地增值稅四項，原預算九百四十四億六千二百四十四萬三千元，經追減一百六十五億九千零三十四萬七千九百元，調整後預算數七百七十八億七千二百零九萬五千一百元，以上田賦、契稅、地價稅、土地增值稅核簽數二百一十六億零九百八十四萬七千四百七十二元八角一分。

所得稅：三十四年度總預算祇列分類所得稅，本年度已增列綜合所得稅，計原預算數四百億元，經追加二百億元，追減三十八億三千一百七十三萬八千一百元，調整後預算數五百六十一億六千八百二十六萬一千九百元，核簽數為四百零四億六千五百四十一萬零九百三十二元六角九分，尚歉收一百五十七億零二百八十五萬零九百六十七元三角一分。

非常時期過份利得稅：原預算為五十億元，核簽數一百八十八億九千九百七十九萬零九百八十四元三角八分，計超收一百三十八億九千九百七十九萬零九百八十四元三角八分。

遺產稅：原預算數為三十億元，經追減三億八千五百五十九萬八千六百三十元，調整後預算數為二十六億一千

四百四十萬零一千三百七十元，核簽數一十四億四千三百九十三萬三千四百六十八元零二分，尚歉收一十一億七千零四十六萬七千九百零一元九角八分。

營業稅：原預算為六百億元，經追加三十億元，追減四百八十五億九千一百一十八萬一千二百五十七元，調整後預算數為一百四十四億零八百八十一萬八千七百四十三元，核簽數為五百零七億二千六百六十八萬零六百八十五元五角八分，計超收三百六十三億一千七百八十六萬一千九百四十二元五角八分。

印花稅：原預算為一百三十億元，經追加一百七十億元，合計為三百億元，核簽數為六百三十九億五千二百六十五萬七千三百元零零二角六分，計超收三百三十九億五千二百六十五萬七千三百元零零二角六分。

關稅：原預算為一千億元，經追加一千四百二十八億八千零六十萬零七千元，追減二十六億九千三百三十七萬一千三百元，調整後預算數二千四百二十三億零四百八十九萬零七百元，核簽數三千一百零六千零三十七萬三千零二十二元零八分，計超收六百七十七億五千五百四十八萬二千三百二十二元零八分。

礦稅：原預算為二十億零零二百萬元，並無追加追減，核簽數為一百零四億九千四百六十八萬三千三百二十九元四角四分，超收八十四億九千二百六十八萬三千三百二十九元四角四分。

貨物稅：原預算為二千零二十四億八千九百九十萬元，經追加二百六十五億，合計為二千二百八十九億八千九百九十萬元，核簽數為四千三百四十億零四千一百五十

三萬七千二百六十三元九角，計超收二百零五十億零五千一百六十三萬七千三百六十三元九角。

鹽稅：原預算為二千億元，經追加一十億元，共計二千零一十億元，核簽數為一千七百七十五億四千九百五十六萬九千一百二十八元六角一分，計歉收二百三十四億五千零四十三萬零八百七十一元三角九分。

罰款及賠償收入：原預算為二億三千七百一十萬元，經追加三千五百六十三萬一千二百元，追減四千零六十萬元，以前年度預算轉入數八萬五千元，調整後預算數二億三千二百二十一萬六千二百元，核簽數為一十一億七千零三十二萬四千八百七十五元九角五分，計超收九億三千八百一十萬零八千六百七十五元九角五分。

規費收入：原預算為五百零四億八千二百零五萬二千元，經追加五十七億二千零六十九萬三千一百七十四元三角一分，追減六十億零零九千三百元，以前年度預算轉入數七千七百五十三萬七千四百零九元，調整後預算數五百零二億八千零二十七萬三千二百八十三元三角一分，核簽數為四十六億七千四百一十萬三千八百二十五元一角二分，計歉收四百五十六億零六百一十二萬九千四百五十八元一角九分。

財產孳息收入：原預算為二百二十二億二千二百六十五萬一千元，經追加四億七千一百三十九萬六千八百四十六元七角三分，以前年度預算轉入數四千三百一十七萬五千五百一十三元八角四分，調整後預算數二百二十七億三千七百二十二萬三千三百六十元零五角七分，核簽數為一十二億七千一百一十萬零七千八百一十六元四角

一分，計歉收二百一十四億六千六百一十一萬五千五百四十四元一角六分。

財產物資售價收入：原預算為六千八百四十七億五千三百萬元，經追加一千一百二十億零二千四百二十萬元零一千二百四十三元六角四分，追減七百一十三萬八千一百三十元，以前年度預算轉入數九億二千五百四十三萬二千三百五十八元七角，調整後預算數七千九百七十六億九千五百四十九萬五千四百七十二元三角四分，核簽數為七千四百五十九億七千零三十萬零九百九十四元二角六分，計尚歉收五百一十七億二千五百一十九萬四千四百七十八元零八分。

公有營業盈餘收入：原預算為一千零九十億零零四百七十九萬三千元，經追加三億零四百五十八萬七千四百五十六元八角，以前年度預算轉入數四千八百八十二萬五千五百一十四元，調整後預算數一千零九十三億五千八百二十萬零五千九百七十元零八角，核簽數為四百九十八億二千九百一十六萬四千五百四十七元零九分，計歉收五百九十五億二千九百零四萬一千四百二十三元七角一分。

公有事業收入：原預算為一億九千七百一十五萬元，經追加一千零零九萬零九百元八角二分，合計二億零七百二十四萬零九百元八角二分，核簽數為一億九千二百九十四萬二千九百六十二元二角五分。

捐獻及贈與收入：原預算為八百三十億元，經追加四億四千四百二十三萬九千二百八十元六角三分，以前年度預算轉入數三億一千二百四十六萬二千四百元，調整後

預算數八百三十七億五千六百七十萬零一千六百八十元六角三分，核簽數為一百八十五億七千二百四十二萬四千零零七元八角，計歉收六百五十一億八千四百二十七萬七千六百七十二元八角三分。

收回美軍墊款收入：原預算一千五百億元，並無核簽數。

徵借實物收入：原預算二百七十八億三千八百二十萬元，並無追加追減，核簽數為四億九千三百七十四萬一千二百二十三元二角九分，計歉收二百七十三億四千四百四十五萬八千七百七十六元七角一分。

其他收入：原預算一億八千六百五十六萬六千元，經追加二億三千一百三十八萬零五百零四元，追減三千一百五十二萬九千四百元，以前年度預算轉入數一百六十九萬一千一百九十五元九角，調整後預算數三億八千八百一十萬零八千二百九十九元九角，核簽數為六億三千六百五十九萬二千七百六十五元八角，計超收二億四千八百四十八萬四千四百六十五元九角。

債款收入：原預算六千七百七十億零五千八百五十七萬元，以前年度預算轉入數二千三百九十七萬六千四百七十一元四角，調整後預算數六千七百七十萬零八千二百五十四萬六千四百七十一元四角，核簽數五萬三千七百九十一億零零九十一萬一千零九十八元二角六分，計超收四萬七千零二十億零一千八百三十六萬四千六百二十六元八角六分。

　　此外尚有預算未列而國庫已實收，如菸專賣收入、信託管理收入等項，茲一併敘明，計菸專賣收入核簽數三百五十六萬五千零九十六元九角六分，信託管理收

入一千九百四十八萬四千零八十元零四角，國外借款購入物資及黃金售價收入核簽數五千七百二十九億零二百四十萬零零四百六十一元八角九分，戰時消費稅核簽數六千九百二十九萬六千九百元零五角八分，未售債券本息核簽數二萬一千四百九十元，收回各年度歲出款核簽數二百三十三億九千零零九萬零三百一十二元五角七分，上年度結存轉入核簽數一百二十億零九千一百六十一萬二千七百三十元零六分，暫收款核簽數二十三億六千四百四十六萬九千三百一十元零三分，以前各年度歲入款核簽數二十二億零七百一十九萬九千七百一十八元六角九分，以上各項核簽數均尚待清理結算。

關於各級政府歲入之事後審核，根據前節所述之原則，一面由駐庫人員依照歲入預算項目分別辦理以嚴監督，一面復因收入關係國計民生至鉅，僅憑表報（解款書等）審核，實難發覺有無浮濫中飽之弊，故年來均積極推行就地審計，以補救送請審計之不足，藉符立法之原旨，而盡事後監督之實效。本年度適為勝利復員之際，部處已先後奉命復員，積極行使其職權，而東北、華北方面各省市中央地方公務機關或事業機關，亦經紛紛復員執行其業務，本部為適應建國財政之急務起見，派員前赴東北各省市視察，以資籌設審計機關而擴展審核工作，惟因該方面奸匪大肆擾亂，各機關多未能如期完成復員工作，建國大計固受阻礙，即審計工作亦直接間接受其影響，未能照原定計劃展開，茲就具報有案者分別擇要臚陳。

關於稅課收入之審核約有：

　　（一）**田賦收入部份**，除由各省審計處分別派員駐
在各該省田賦糧食管理處執行就地審計外，並擇各縣田
賦管理處歲入較為繁重者，派員就地抽審，審核結果發
現四川省成都田賦糧食管理處，存留田賦款項三六、
八〇九、六五〇‧二五元，尚未依法解庫，竟擅自動用
及私自借用共達三千餘萬元。雲南省昆明市田賦糧食管
理處實物帳冊既不齊備，而現金及財產復未登記簿冊，
稽查頗感不易，此外尚有本年度各月份各項報表均未送
審暨以前各年度送審之計算案件應聲復者亦多未能依限
聲復等情事。四川省內江縣田賦糧食管理處並未奉准有
案，即擅自徵收稅款計三、一七七、五七〇‧〇〇元，
又積成稅款達一、二〇七、〇三三‧〇〇元迄未解庫，
以及帳簿設置未全，致其收支實況暨現金動態如何無從
明瞭。四川省宜賓縣田賦糧食管理處私自挪用經收賦
款，及未立現金出納簿記賬末由，查悉其現金動態。開
封田管處列報三十五年度督徵旅費內有領據二十紙，共
計國幣一八五、一三五‧〇〇元，係以臘紙複寫圖章。
甘肅省永昌縣田賦糧食管理處存留現金，除未依照規定
辦理外，並有超支等現象發生。甘肅省張掖縣田賦糧食
管理處因未設置歲入現金賬簿，故賬目之查核殊感困
難，同時積存各年度軍糧運費亦為數甚多，以致人民多
有怨言。臨洮田糧處對於徵實徵購及徵借等事項，並未
按照規定設置簿賬登記，且徵實類月報表亦未依法送
審，以上所述諸點均經分別通知各該主管機關，依法究
辦，並各有關機關查照糾正或改進。

　　（二）**貨物稅收入部份**，除由本部及各省市審計

處，就各該省市主管貨物稅機關，擇收入較鉅者設置就
地審計，隨時切實審核外，並派員切實抽查其他分局，
至本年度抽查結果，發現甘青寧新區貨物稅局平涼稅務
徵收局局長宮澄汪，除偽造員工名章捏報空名冒領薪津
及短發員工生活補助費暨米代金外，並以印照及小面額
統稅印花加戳改為大面額，冀以多報少從中漁利，此外
尚有不依照新稅率完稅，包庇部屬塗改稅照及串通漏稅
等種種不法行為。川康區貨物稅局內江分局挪用鉅額稅
款，以供私人營運，實屬觸犯刑章。臨洮貨物稅局各項
歲入類賬冊，均未依照規定設置齊全。武威貨物稅局收
入賬簿，仍用舊式簿冊記載，易滋弊端。上海貨物稅
局以暫繳稅款名義，向納稅商人取款存入中央銀行第
二一八號存款戶後，即陸續墊付稅務署票照印製費、經
常費及暫付款等項，前後竟達二十五億四千餘萬元之
鉅，核與規定不合，此外如以納稅商人之銀行保證書呈
准稅務署後，即照廠商申請數量分配票照、印花，先
行記賬，稅款每屆半個月清算一次之辦法，不但影響
庫收，抑且流弊滋多。湖北區貨物稅局歲入部份之賬
冊，均未依照規定登載。湖南區貨物稅局邵陽等分局
及所屬各辦公處，其收入財務處理殊多不合規定，如
邵陽分局賬列結轉三十五年度該分局前任局長墊付款
六、九三一、九二九‧〇〇元暨暫付款四一、一九五、
一二五‧〇四元，均由稅款項下挪用，於法不合，又查
各辦公處主任暨稅務員，遇奉令調免職務時，不但人員
因之更調，即各項帳簿及文卷亦被攜去，核與公務員交
代條例之規定不符，又有各該處會計簿籍設置不全，影

響各項稅款之徵解，匪特記載不合理，抑且鉤稽甚感困難，此外由稅款項下挪墊經臨各費之便利遲延稅款繳庫，致使流弊叢生等情事，例如貴陽辦公處所屬樟樹下稅務員辦公處，曾有職員孫耀農虧欠稅款一、三〇四、九一六・九〇元，畏罪潛逃。宜章辦公處欠解稅款二、六二六、九九五・〇〇元，並且所存留之稅款不遲解國庫，乃存放於商號攸縣辦公處，令派無給職之額外人員，代徵各項稅款及假擬名銜，擅派非法人員分赴各鄉，違法私徵稅款不給稅票，遺害殊大。長沙稅務局以稅款墊付經費，計達六八、五〇七、〇九五・五〇元，以上各點均經分別通知各該主管機關處分及糾正或改進。

　　（三）**直接稅收入部份**，向由各省市審計處酌察實際情形，派員執行駐審及抽查工作，結果發現湖南區直接稅局邵陽、常德、湘潭、長沙等分局，及各查徵所多有欠解稅款及手存現金，由出納人員保管而不存入各該地國庫等情事，攸縣查徵所經徵員廖清和串派無賴分赴各圩鎮及鄉村濫徵稅款，違法殃民。川康區直接稅局內江、宜賓、瀘縣等分局會計報告均未按期送審，且時有挪用稅款，以及納庫暨撥解手續亦均未依法辦理，此外尚有私收稅款不予繳庫及收入帳目記載不清等事項。江蘇區直接稅局無錫分局各種傳票多未按時正式登記入帳，上述各點均經依法分別通知各主管機關，轉飭予以糾正或促其改進。

　　其次公有營業機關盈餘收入暨公有事業收入兩項審核結果，除就各機關編造之報表依法辦理外，凡已送審

決算書表者，非有特殊原因，均經派員切實執行巡迴審計，即決算書表延未編送者，亦已酌派審計人員實地洽辦，分述概況於次：

　　財政部主管之公有營業機關，計有中央、中國、交通、農民四銀行及信託、郵匯兩局暨其他行廠等十餘單位，其本年度會計報表仍多未編送，自三十六年度起，關於駐審機關事後審計部份，亦已明令劃歸派駐各該機關就地審計人員辦理，以資貫澈。

　　經濟部主管之公有營業機關，經派員巡迴審計者，如蘇浙皖區特派員辦公處化工組復工指導委員會，三十五年度營業收支盈餘一五、九七五、八四二‧八五元，支出方面查有不合規定，經予剔除收回者，計有職員多支薪津三、七〇〇、一六二‧八〇元，職工膳食津貼七、三七六、三〇〇‧〇〇元，此外尚有補發視察人員旅費，既未註明出差事由、日期、地點，漏附出差旅費報告表情事，以及列報工役津貼未予註明事由，均經分別查詢。又該會附屬機關如關西油漆廠等二十五單位經核，內有不合規定之支出，已分別予以剔除或查詢。蘇浙皖區特派員辦公處機械組復工指導委員會，三十五年度營業收入虧損七二八、二五三、八二五‧〇九元，支出方面列有職員膳食津貼二八、六五六、九九九‧〇〇元，菜飯費一三四、三二〇‧〇〇元，酒菜、香烟、冰淇淋、瓜子等費二七〇、〇六〇‧〇〇元，小組會議餐費一三三、一〇〇‧〇〇元，及開會餐費共一、〇二四、〇〇〇‧〇〇元，並報支職員預支遣散費及缺附各類明細表，均經分別剔除查詢及補送。又該會附屬

機關如江南造機廠等二十三單位，經核內有不當支出及未依規定列報之款項，均分別予以剔除查詢，補送糾正或注意。中央工業試驗所製革實驗工廠，三十五年度營業收支查核結果，尚屬符合，惟該廠未將廠房設備列入資產負債表，原因有所未明，已予查詢。中央工業試驗所酒精實驗工廠，三十五年度營業收支虧損八八八、〇一一・四九元，經核該廠未將廠房設備列入資產負債表，核有未合已予查詢。中央工業試驗所汽水實驗工廠，三十五年營業收支盈餘一〇、六八四、五七三・四八元，經核尚屬相符。中央電工器材廠武漢區營業處，三十五年度業務費內既列支職員生活補助費及加成數超支三、一六七、五五〇・〇〇元，又於推銷費項下列報午餐費二、三六五、〇〇〇・〇〇元，寒衣費三、四〇〇、〇〇〇・〇〇元，於法無據，均予剔除。中央電工器材廠湘潭分廠漢口預備處，三十五年度製造費列有職員借支寒衣費四、四〇〇、〇〇〇・〇〇元，職員接眷旅費二四〇、六三〇・〇〇元，間接費用項下列報午餐費四、六五〇、〇〇〇・〇〇元，職員生活補助費及加成數超支三、三七九、〇五〇・〇〇元，均經依法予以剔除。雲南出口礦產品運銷處，三十五年度營業收支虧損四〇三、七七六、二八五・一六元，但支出方面計有工役警衛司機運工等生活津貼七、四七五、八七六・九七元，特別獎金、職員未請假回籍獎金等共支九、九七八、一八九・二五元，溢支薪津四四、五〇二・〇〇元，午膳費一、六二五、〇〇〇・〇〇元，私人慶弔應酬、筵席費、超支旅費及預付房屋租金

二七一、三三三・三三元等，或不合規定，或屬不當支
出，已分別予以剔除。次如發給員工遣散費與還鄉補助
費，總計三、八六六、二五〇・〇〇元，暨支付資源委
員會第四區特種鑛產管理處印刷用品等費，及上期盈餘
未依規定轉帳等項，均經分別予以查詢，此外代收員工
所得稅餘額繳庫收據，報支各項運費未附單據，職員旅
費報告表缺附出差工作日記，職員薪俸表內名章不符，
帳表內之科目誤列營業支出，及物料單據黏存簿均未加
蓋騎縫章，及購置物品之單據多未註明用途等情事，均
已分別通知補送更正或注意。資源委員會電信事務所
三十五年度營業收支帳目，經查支出方面列報筵席費
六五、六〇〇・〇〇元，馬代所長赴申宴客費及宴請交
通部郵電司等機關酒席費八二、〇〇〇・〇〇元，經濟
部傳達室等處陽歷年賞費一〇、〇〇〇・〇〇元，經濟
部傳達室等端午節賞費五〇、〇〇〇・〇〇元，宴冀察
熱綏特派員辦公處人員及滬台宴客費計四〇四、二二
〇・〇〇元，在滬宴客費二〇七、四〇〇・〇〇元，
以上所列各費均屬不當之支出，已分別悉數剔除，又
該所跨越年度列報應付總台，三十四年十二月份職員
米代金三一一、〇〇〇・〇〇元，已通知如數扣減。
至於三十五年度上期結算數報表迄未送審，業經函知
編造。中國紡織建設公司三十五年度營業收支帳目，
審核結果計有（1）職員待遇與國營事業機關人員待遇
辦法，規定不符，總計薪金溢支五四一、二〇二、〇
八一・六七元。（2）在業務費內列報私人饋贈或與事
務無關之酬酢費三九一、九七〇・〇〇元，高級人員福

利津貼一一八、四八一、一四五・○○元，及員役膳費一一、○九八、四四六、六八四・四八元。（3）暫付款帳戶列支經濟部同人福利基金一五○、○○○、○○○・○○元，紡織事業管理委員會職員薪津差額獎金及津貼等項，共計一一○、一五三、四四六元，分類帳戶列支職員夏季獎金七九、七二七、四八四、九九元，借支員司獎金一八七、六○五、一五一・○六元，及同人借支二二一、四九○、五二七・九四元。（4）該公司暨所屬各廠處，每月均於業務費內按職員薪津所得額提百分之六十，暨工役工餉所得提百分之二十，作為職工福利基金，共計提撥一二、五○六、○○五、○六七・九三元。（5）虛付火險及運輸保險費計三二七、六二三、一八八・○八元，提存原料均價準備二四、六七四、一五五、六一○・九七元，物料均價準備五八一、八四七、二一三・三○元，修理機械準備五二八、六七四、三六四・四四元，以上各項或與規定不合，或屬不經濟之開支，已分別通知剔除收回，又以全部副產品收入撥充公益基金，復於業務費內列支捐款二八五、七五○、○○○・○○元，公益基金項下列支捐款三一二、二○○、○○○・○○元，暫付款帳戶列支捐助農林部棉產改進諮詢會事業基金八億元，似此任意提撥捐助，殊有未合，均已分別通知糾正，注意改善矣。

　　交通部主管之公有營業機關，經派員執行巡審者，計有京滬區鐵路管理局運務處滬杭運輸段杭州、嘉興兩站，三十五年度營業收支帳目，經核杭州站財物中有被

交通警察隊及後勤部軍運辦公處借用，並無借據存查，已飭查明追還以重公物，又該局對於旅客交運行李，規定各站應收取保價費，惟查旅客各購有客票，依章得免費交運行李或繳超過免費運量之運費，故路局有承運之責，即遇損失，除特殊情形外，亦應賠償。然僅對軍人身份之旅客交運行李既行免收保價費，亦不予保價，而各站發售月台票每張竟收千元，比較津浦鐵路浦兗段各站月台票高出四倍，業經分別建議改進。浙贛鐵路局三十五年度營業收支，經查三十五年度購置材料已達規定價額者，計八○九、四三六、三三二・○○元，均未依稽察程序辦理，自有未合，不予核准，至該局自三十五年度五月份起，發給職工米差一石，惟查公教人員米代金，已予三十五年度一月由政府明令取銷，該局仍擅自發給，顯有未合，經予悉數剔除。南京電信局三十五年度營業收支，經實地查核，結果發現其他特種支出科目帳戶，重複列報特支費一五○、○○○・○○元，累計表列有借支員工福利費一六、六九○、○○○・○○元，自係借支款項，自不能作正報銷，以上各項均經分別予以剔除。

糧食部主管之公有營業機關經派員實地巡審者，計有中國糧食工業公司漢口麵粉廠三十五年度營業收支盈餘一六○、一三七、九一四・一七元，支出方面，列有該廠租賃輔堂里宿舍挖費四百萬元，駐廠稽核郭德丕支報修理私宅及購置等四一五、九○○・○○元，貼補出納短少之現金三四、○○○・○○元，及煙酒費四七○、三○○・○○元，或與規定不合或屬不經濟之支

出，已予如數剔除，又該廠除以大量產品作私人贈與，及贈送經銷商號樣品暨職工於薪餉之外，復發各項津貼、獎金、雙薪等項外，並購入大量美麥，未經稽察程序，均已分別通知，予以查詢糾正。中國糧食工業公司五豐麵粉廠三十五年度營業收支盈餘二一一、三八五、七九六‧三五元，經查該廠職員於薪津項下列報米貼及膳費計一一、二九二、〇〇一‧〇〇元，酬勞金、員工節賞月餅費等共一、八八五、九四〇‧〇〇元，工務主任兼支特別辦公費暨離職後汽車修理費共一、三五八、八〇〇‧〇〇元，駐廠稽核裝燈費、房租費及借支房租押金等計九、六九四、六六一‧〇〇元，贈送中國銀行駐廠人員食米四石，價款一五五、五〇〇‧〇〇元等項，於法均有未合，已予分別剔除，又購置物料超越稽察限額，均未依規定辦理接收手續，亦未清結，均已分別予以查詢或通知注意改進。

　　至於稅課外收入之送審者，計有罰款賠償收入、財產孳息收入、捐獻及贈與收入、預算外收入、其他收入等項，審核結果，查湖北高等法院司法收入未依法解庫，其收入帳簿設置，亦欠齊全。安徽高等法院，收入會計報告多未送審。長安地方法院收入帳簿憑證及收據存根等數字不符。武昌地方法院司法收入由收費處按日收交，出納員自行保管挪用，並不繳庫。考試院預算外收入、內政部普通收入，均缺附收入憑證。西北醫院規費收入，未依法解庫。湖南大學各項收入，內有未經會計室製具傳票，即逕由出納室收帳，至其報名費之收入未經收帳即行支出，既不列帳又不報銷。蒙藏委員會預

算外收入未予繳庫，而用以墊付其他支出。衛生署規費
及利息收入、行政院各項收入及其直轄之會計處利息及
利潤收入，均有未合規定之處，以上所述各點，均已分
別通知糾正或注意。

第二章　國家財政歲出審計概況

第一節　總述

　　查三十五年度國家總預算歲出各科目，原列預算數總計為二萬五千二百四十九億三千四百七十二萬五千元，內第二預備金除原列二千億元，全數撥出動支外，尚透撥二百四十五億六千九百零九萬六千五百零八元零八分，復經先後追加四萬一千九百八十億零六千四百九十萬零五千八百八十四元八角四分，追減一百零七億六千五百八十二萬六千九百二十六元，及以前年度預算轉入數七百零三億七千四百六十三萬一千一百四十三元一角三分，綜計調整後預算數共為六萬七千七百二十六億零八百四十三萬五千一百零一元九角七分，本部核簽支付書數共為六萬四千三百三十七億七千八百一十二萬八千七百二十元零四角四分，除轉入下年度預算數五百五十六億六千二百八十四萬三千七百三十元零四角三分外，尚有預算餘額二千九百三十一億六千七百四十六萬二千六百五十一元一角正。

　　三十五年度以緊急命令撥付款，經本部核簽者，總數為八千九百零八億三千二百八十二萬九千七百六十一元七角三分，除已成立法案沖轉八千八百三十九億一千零七十七萬零九百一十七元三角三分外，尚有未沖轉數

六十九億二千二百零五萬八千八百四十四元四角正。

　　三十五年度歲出類事後審計，除中央黨部主管暨國防最高委員會主管之各項歲出，不屬本部審核範圍外，凡在京各中央機關之經費類會計報告及南京市所屬各機關之經費類會計報告，俱由本部審核，其散處京外各省區中央機關依照規定，應歸各該管審計處兼辦，按時呈報，或彙報本部，核發核准書為補救送審之不足起見，部處並隨時派員辦理抽查或巡迴審計。查本年度各機關之送審情形，其屬歲出各機關多能依法辦理，惟事業歲出，各機關對於事業費之送審尚不如前者之齊備，至本年度適值勝利復員之際，各機關紛紛還治，惟奸匪竄擾阻礙交通，省處工作，直接間接均受影響此外，復因財政收支改制暨勝利復員之關係，國家歲出預算執行之分野既有變更，所有部處審核該年度國家總預算歲出會計報告之結果，除分別摘陳於以下各節外，該上半年度省市支出計算數共七十二億八千九百零一萬二千四百五十八元，剔除數五百七十八萬五千八百五十七元，核准及存查數二十三億六千七百零四萬二千二百二十二元，未結案之審核數四十九億一千六百一十八萬四千三百七十九元，連同中央歲出計算數共一千七百四十九億六千八百八十萬零八千零十二元七角零一分，剔除數三十一億八千四百零九萬五千零六十三元六角八分，核准及存查數為一千二百一十一億二千四百七十九萬零二百四十元零四角五分，未結案之審核數五百零六億五千九百九十二萬二千七百元零五角八分暨復員支出七十四億一千三百七十一萬五千九百元零五角，核准數四十五億一千零

五十九萬六千四百二十八元六角八分，審核數二十九億
零三百一十一萬九千四百七十一元八角二分，合計本年
度送審金額共一千八百九十六億七千一百五十三萬六千
三百七十一元二角一分，剔除數三十一億八千九百八十
萬元，核准及存查數一千二百八十億零二百四十二萬八
千八百九十九元一角三分，未結案之審核數五百八十四
億七千九百二十二萬六千五百五十一元四角，茲依照歲
出科目別，編列審核統計表於左。

審計部審核三十五年度國家財政歲出統計表

科目	計算數	剔除數	核准數及存查數	審核數
（1） **中央支出**	174,968,808,012.71	3,184,095,063.68	121,124,790,248.45	50,659,922,700.58
經臨費	148,946,338,199.00	3,183,743,563.68	97,454,932,030.28	48,307,662,605.04
生活 補助費	22,392,893,251.56		22,168,930,422.24	233,962,829.32
事業費	3,599,581,513.95	351,500.00	1,470,932,747.73	2,128,297,266.22
善後救濟 基金	29,995,048.20		29,995,048.20	
政權行使 支出	14,447,155,153.61	1,772,980.00	995,889,501.16	13,449,492,672.45
國民參政 會主管	28,268,027.98		16,417,398.29	10,077,649.69
經臨費	15,930,427.98	1,772,980.00	4,079,798.29	10,077,649.69
生補費	12,337,600.00		12,337,600.00	
國民大會 籌備委員 會主管	1,888,654,259.92		567,978,525.42	1,320,675,734.50
經臨費	1,545,037,865.36		224,362,130.86	1,320,675,734.50
生補費	343,616,394.56		343,616,394.56	
國民大會 代表選舉 事務所 主管	513,697,433.45		42,493,577.45	102,303,856.00
經臨費	304,816,827.45		202,512,971.45	102,303,856.00
生補費	208,980,606.00		208,980,606.00	
國民大會 秘書處 主管	12,016,435,432.26			12,016,435,432.26
經臨費	12,016,435,432.26			12,016,435,432.26
生補費				
國民政府 主管	1,823,162,326.81		1,667,353,076.97	155,809,249.84
經臨費	360,551,093.34		204,741,843.50	155,809,249.84
生補費	1,462,611,233.47		1,462,611,233.47	
行政院 主管	634,401,022.96	367,770.00	627,437,459.51	6,595,793.45
經臨費	105,835,331.08	367,770.00	98,871,767.63	6,595,793.45
生補費	528,565,691.88		528,565,691.88	

科目	計算數	剔除數	核准數及存查數	審核數
內政部主管	2,743,037,783.85		2,443,750,303.82	299,292,480.03
經臨費	643,796,584.79		344,504,104.76	299,292,480.03
善後救濟基金	××××		××××	
生補費	2,099,241,199.06		2,099,241,199.06	
外交部主管	23,137,126.96	42,000.00	9,213,957.10	13,881,169.86
經臨費	23,137,126.96	42,000.00	9,213,957.10	13,881,169.86
生補費	××××		××××	
軍政部主管	116,153,800,093.38	3,172,384,367.73	87,566,458,800.88	25,414,956,924.77
財政部主管	9,790,206,284.52	1,891,873.00	4,794,069,834.03	4,994,244,577.49
經臨費	8,004,156,537.59	1,891,873.00	3,008,020,087.10	4,994,244,577.49
事業費	××××		××××	
生補費	1,786,049,746.93		1,786,049,746.93	
經濟部主管	4,523,655,643.63	351,200.00	2,298,363,153.06	2,224,941,290.58
經臨費	512,848,334.64		360,001,388.87	152,846,945.77
事業費	2,237,351,279.53	351,200.00	350,470,864.08	1,886,529,215.45
生補費	1,773,456,029.47		1,587,890,900.11	185,565,129.36
教育部主管	5,880,731,709.49	5,847,108.00	4,468,042,027.89	1,406,842,573.60
經臨費	2,815,573,349.17	5,847,108.00	1,402,883,667.57	1,406,842,573.60
生補費	3,065,158,360.32		3,065,158,360.32	
交通部主管	1,706,735,519.81	22,750.00	1,561,033,333.45	145,679,436.36
經臨費	661,739,676.57	22,750.00	516,037,490.21	145,679,436.36
事業費	××××		××××	
善後救濟基金	××××		××××	
生補費	1,044,995,843.24		1,044,995,843.24	
農林部主管	2,569,752,565.54	14,300.00	2,321,659,392.10	248,078,873.44
經臨費	382,793,592.83	14,000.00	283,956,477.16	98,823,115.67
事業費	1,051,897,532.55	300.00	902,641,474.78	149,255,757.77
善後救濟基金	××××		××××	
生補費	1,135,061,440.16		1,135,061,440.16	

科目	計算數	剔除數	核准數及存查數	審核數
社會部主管	1,546,976,818.17		988,238,448.90	558,738,369.27
經臨費	909,309,402.80		435,668,258.53	473,641,144.27
事業費	132,696,585.59		47,599,360.59	85,097,225.00
善後救濟基金	×××		×××	
生補費	504,970,829.78		504,970,829.78	
糧食部主管	3,258,037,961.34	121,900.00	2,716,109,191.00	541,806,870.34
經臨費	1,641,683,902.03	121,900.00	1,099,755,131.69	541,806,870.34
事業費	34,574,815.47		34,574,815.47	
生補費	1,581,779,243.84		1,581,779,243.84	
司法行政部主管	1,253,917,723.97	226,343.00	637,723,587.07	615,967,803.90
經臨費	1,081,349,876.91	226,343.00	465,155,730.01	615,967,803.90
事業費	×××		×××	
生補費	172,567,857.06		172,567,857.06	
蒙藏委員會主管	484,447,479.88		377,365,664.96	107,081,814.92
經臨費	116,082,460.47		9,000,645.55	107,081,814.92
生補費	368,365,019.41		368,365,019.41	
僑務委員會主管	204,357,525.15		204,357,525.15	
經臨費	74,867,372.00		74,867,372.00	
生補費	129,490,153.15		129,490,153.15	
水利委員會主管	1,908,027,808.94	989,037.95	1,871,797,351.96	35,241,419.03
經臨費	87,836,329.02	989,037.95	54,867,372.00	31,979,919.07
事業費	8,296,804.52		8,296,804.52	
善後救濟基金	29,995,048.20		29,995,048.20	
生補費	1,781,899,627.20		1,781,899,627.20	3,261,499.96
衛生署主管	2,596,070,890.66	19,200.00	2,351,381,853.97	244,669,836.69
經臨費	623,896,518.81	19,200.00	421,758,750.12	202,118,568.69
事業費	134,764,496.29		127,349,428.29	7,415,068.00
生補費	1,837,409,875.56		1,802,273,675.56	35,136,200.00
地政署主管	332,548,706.22	4,500.00	331,393,565.88	1,150,640.35
經臨費	58,661,126.64	4,500.00	57,505,986.29	1,150,640.35
事業費	×××		×××	
生補費	273,887,579.59		273,887,579.59	

科目	計算數	剔除數	核准數及存查數	審核數
善後救濟總署主管	57,152,471.56		43,681,497.56	13,470,974.00
經臨費	57,152,471.56		43,681,497.56	13,470,974.00
善後救濟基金	×××		×××	
生補費	×××		×××	
立法院主管	95,477,946.75		95,477,946.75	
經臨費	67,026,446.75		67,026,446.75	
生補費	28,451,500.00		28,451,500.00	
司法院主管	382,405,826.08		476,120,129.65	6,286,196.43
經臨費	84,281,459.08		77,995,262.65	6,286,196.43
生補費	398,124,367.00		398,124,367.00	
考試院主管	517,723,494.16		410,035,458.82	107,688,035.33
經臨費	294,745,879.18		187,057,843.85	107,688,035.33
生補費	222,977,614.98		222,977,614.98	
監察院主管	1,935,888,119.25	39,734.00	1,867,842,686.80	68,005,698.45
經臨費	302,992,680.35	39,734.00	234,947,247.90	68,005,698.45
生補費	1,632,895,438.90		1,632,895,438.90	
債務支出	×××		×××	
公務人員退休及撫卹支出	×××		×××	
補助支出	×××		×××	
（2）省市支出	7,289,012,458.00	5,785,857.00	2,367,042,222.00	4,916,184,379.00
江蘇省	1,207,208.00		1,154,600.00	52,608.00
安徽省	30,644,441.00		30,644,441.00	
江西省	82,575,184.00	800.00	82,574,384.00	
湖北省	63,407,720.00	3,857,285.00	59,550,435.00	
湖南省	39,525,688.00		34,278,350.00	5,247,338.00
福建省	684,591,567.00	1,927,770.00	673,465,141.00	9,198,654.00
廣西省	592,063.00		592,063.00	
陝西省	164,782,809.00		164,782,809.00	
重慶市	79,828,444.00		76,753,461.00	3,074,983.00
上海市	1,165,151,857.00			1,165,151,857.00
南京市	4,976,705,477.00		1,243,246,538.00	3,733,458,939.00

科目	計算數	剔除數	核准數及存查數	審核數
（3）復員支出	7,413,715,900.50		4,510,596,428.68	2,903,119,471.82
中央機關及事業復員費	4,398,716,522.74		3,041,298,844.18	1,357,417,678.56
中央公務員還都補助費	1,908,381,241.16		1,229,555,745.50	678,825,495.66
各國立學校復員費	1,106,618,136.60		239,741,839.00	866,876,297.60
各省市復員費	×××		×××	
日僑給養費	×××		×××	
總計	189,671,536,371.21	3,189,880,920.68	128,002,428,899.13	58,479,226,551.40

備考：

（1）中央支出：生活補助費均係存查數，特此註明。

（2）省市支出：本項支出係屬上半年度。

第二節　歲出之審計

本年度國家財政歲出之審計既總述如上，茲再依中央、省市及復原支出分別縷述如次：

關於各機關歲出類會計報告之送審，大部份已依照規定編造，祇有債務支出暨補助支出及公務人員退休及撫卹支出，迄未經其主管機關編送動態報告，至未設審計處之各省市支出，亦未依本部與行政院商定之辦法彙送報表，但其餘送審部份大致已能依法辦理，茲就本部審核部份連同各省市審計處已報部份，彙計本年度審核結果，除審核數字已見前節統計表外，其審核情形詳以下各目。

第一目　中央歲出

三十五年度中央歲出經常、臨時、生活補助、建設事業等費暨善後救濟基金，原列預算數共為一萬八千九百四十七億五千一百八十七萬三千元，經動支第二預備金一千八百零二億七千二百四十九萬零三百三十二元四角一分，追加三萬八千九百三十五億八千七百四十一萬三千零九十九元零七分，追減五十一億五千四百六十四萬五千六百四十一元，及以前年度預算轉入六百九十三億三千二百五十四萬四千六百四十四元九角九分，調整後預算數共為六萬零三百二十七億八千九百六十七萬五千四百三十五元四角七分，本部核簽支付書數共為五萬七千五百零一億零零九十八萬五千八百八十一元五角五分，除轉入下年度預算數三百五十六億三千五百七十

萬零八千七百五十六元四角二分外，尚有預算餘額二千
四百七十億零五千二百九十八萬零七百九十七元五
角正。

　　京內中央機關之事後審計，除擇事業、稅課兩款收
支繁重之機關，由本部派員駐審或每年定期派員巡審，
冀宏效能外，其餘送審之普通公務機關每年仍定期派員
實地抽查，藉明實況。至京外各省市中央機關送由各該
審計處審核，而以財務、教育、司法、振濟、軍事機關
為最多，並經各該省市審計處分別派員抽查，所有查核
結果，關於審核數字已如前表所列，至審核概況分述以
下各款：

第一款　政權行使支出

　　（甲）經常費：原列預算數為八億四千九百三十四
萬二千元，動支第二預備金二千一百二十八萬三千元，
追加數一千零三十一億零九百三十七萬七千二百二十四
元七角，追減數二十萬零五千一百四十一元，以前年度
預算轉入數三十八萬四千五百三十二元，調整後預算數
為一千零三十九億八千零一十八萬一千六百一十五元七
角，經全數核簽支付書，並無餘額。

　　（乙）臨時費：原列預算數為三億二千二百七十七
萬二千元，動支第二預備金一十五億四千七百三十四萬
零一百三十元，追加數二千七百八十二億八千零零一萬
六千一百九十三元，調整後預算數為二千八百零一億五
千零一十二萬八千三百二十三元，除核簽支付書數
二千八百零一億五千零零一萬零二百二十四元，及轉入

下年度預算數五萬四千零八十七元外，尚有預算餘額六萬四千零一十二元正。

（丙）生活補助費：原列預算數為三十四億七千六百七十萬零四千元，動支第二預備金四千六百一十一萬三千二百一十元，追加數五百一十九億二千八百五十六萬三千六百元，以前年度預算轉入數四百二十二萬六千二百四十三元，調整後預算數為五百五十四億五千五百六十萬零七千零五十三元，除核簽支付書數五百五十四億五千五百六十萬零七千零五十一元，尚有預算餘額二元正。

至該支出會計報告之審核，除中央黨部暨國防最高委員會兩主管支出，向由中央監察委員會稽核處理，不屬本部職權範圍外，尚有國民參政會、國民大會籌備委員會、國民大會秘書處及國民大會代表選舉總事務所等四單位，其經臨費仍歸本部審核。查本年度國民參政會主管各部經臨費，僅部份編報，其餘三單位經臨費均已依法全部送齊，審核結果發現經濟策進會還都經費，列報還都人員聚餐費五十二萬三千八百元，不合規定經予通知剔除，及其他單位亦間有應行補送及查詢等事項，業已填發審核通知。至於各單位生活補助費會計記錄，送審情形大致亦如上述，各該單位經臨費相同，不再贅述。

第二款　國民政府主管

（甲）經常費：原列預算數為三億八千七百一十二萬八千元，動支第二預備金一千九百三十八萬一千零八

十元，追加數一十三億三千三百七十五萬三千五百元，調整後預算數為一十七億四千零二十六萬二千五百八十元，除核簽支付書數一十七億二千一百八十五萬二千七百四十元外，尚有預算餘額一千八百四十萬零九千八百四十元正。

（乙）臨時費：原列預算數為二億七千零五十七萬七千元，動支第二預備金九億零零三十萬零六千二百元，追加數三十六億五千零二十六萬三千五百六十二元五角，調整後預算數為四十八億二千一百一十四萬六千七百六十二元五角，除核簽支付書數四十六億四千七百零五萬九千五百六十二元五角，及轉入下年度預算數一億三千七百五十八萬四千六百六十一元五角外，尚有預算餘額三千六百五十萬零二千五百三十八元五角正。

（丙）生活補助費：原列預算數為一十四億七千五百四十四萬五千元，追加數八十九億三千六百八十八萬六千四百元，調整後預算數為一百零四億一千二百三十三萬一千四百元，經全數核簽支付書，並無餘額。

國民政府主管各單位經臨費會計報告，內有國府委員會暨總理陵園管理委員會均全未送審，其餘各單位殆已編報齊全，審核結果，計參軍處生活補助費結餘數移充員工福利費，依何項法令辦理，有所未明，至其他各單位生活補助費之會計紀錄，計有國史館籌備委員會暨主計處及參軍處三機關，業經依法編報齊全，其他各單位均尚未照辦，除參軍處十至十二月份生活補助費內有員工名章不符，顯屬不合規定，上列兩點均已分別通知

查詢及剔除在案。

國民政府及其直轄各機關財務之稽察事務，均經依法辦理。綜其結果，文官處公款未悉數存放公庫，出納人員支付款項手續欠合，財產未設置帳簿登記，會計簿籍登記遲緩。參軍處財產帳冊尚未設置，物品帳未按時記載。主計處現金收付及財產物品均未設帳登記公款，亦未掃數存放公庫，已分別予以糾正。至國民政府直轄各機關營繕工程及購置變賣財物開標比價訂約驗收之監視，三十五年內共有九十四起，計節省公帑五千七百零三萬零八百三十七元八角。

第三款　行政院主管

（甲）經常費：原列預算數為七千八百八十萬零三千元，動支第二預備金五千八百零九萬七千二百五十元，追加數三億四千八百四十一萬四千元，追減數一百一十萬零六千元，以前年度預算轉入數九千七百四十三萬六千六百六十七元，調整後預算數為五億八千一百六十四萬四千九百一十七元，除核簽支付書數五億六千一百六十四萬四千九百一十七元，及轉入下年度預算數二千萬元外，並無餘額。

（乙）臨時費：原列預算數為二千四百五十一萬五千元，動支第二預備金三十二億零一百七十二萬八千零四十元零九角二分，追加數二百八十億零零二百六十六萬八千一百二十四元九角，以前年度預算轉入數四千三百八十五萬二千八百八十二元七角，調整後預算數為三百一十二億七千二百七十六萬四千零四十八元五角二

分，除核簽支付書數三百零六億九千六百四十三萬二千五百六十元，及轉入下年度預算數三億九千六百四十二萬二千三百元外，尚有預算餘額一億七千九百九十萬零九千一百八十八元五角二分。

（丙）生活補助費：原列預算數五億一千二百八十一萬九千元，動支第二預備金四億五千一百七十七萬七千三百四十六元九角，追加數三十五億二千六百八十萬零九千八百元，以前年度預算轉入數五百九十二萬八千一百二十五元，調整後預算數為四十四億九千七百三十三萬四千二百七十一元九角，除核簽支付書數四十四億六千八百三十二萬八千八百零七元外，尚有預算餘額二千九百萬零零五千四百六十四元九角正。

行政院直接主管各單位會計報告，多已全部送審，審核結果計行政院列有司機出勤膳費津貼三四〇、〇〇〇・〇〇元，警衛伙食費等根據何項規定支給，冷氣設備費缺附驗收證明書，員役生活補助費溢支一、六〇〇・〇〇元，經濟會議秘書處列報茶水費六、〇〇〇・〇〇元，及筵席費三三七、四〇〇・〇〇元等項。行政院院長駐平辦事處列有不當支出計一一、一〇五、六二七・七〇元，再預算與借支利息是否呈准有案，行政院各部會署處理接收武漢區敵偽物資臨時聯合辦公處，列支伕馬費九三〇・〇〇元，及行政院綏靖區政務委員會列支會議費之超支數二、六〇〇・〇〇元暨調用人員津貼六、〇〇〇、〇〇〇・〇〇元等項，核有未合，均已予以剔除查詢及補送在案。

行政院及其直轄各機關財務之稽察事務經依法辦理

結果，行政院會計簿籍登記遲緩，現金出納備查簿及財產登記簿均未設置，已通知注意。至中央還都機關房屋配建委員會營繕工程開標驗收之監視，三十五年內共有八起，計節省公帑四十九萬零六百一十元。

第四款　內政部主管

（甲）經常費：原列預算數為一億零九百六十五萬三千元，動支第二預備金三千零一十八萬七千五百八十元，追加數七億五千四百五十四萬六千五百廿元，以前年度預算轉入數一十三萬三千九百四十元，調整後預算數為八億九千四百五十二萬一千零四十元，除核簽支付書數八億八千九百二十萬零七千四百二十九元九角，及轉入下年度預算數五萬元外，尚有預算餘額五百二十六萬三千六百一十元零一角正。

（乙）臨時費：原列預算數為六億二千三百一十一萬二千元，動支第二預備金四十四億七千五百九十六萬八千八百二十五元，追加數一十三億零零二十五萬四千九百一十九元，調整後預算數為六十三億九千九百三十三萬五千七百四十四元，除核簽支付書數六十二億三千三百八十三萬一千一百元，及轉入下年度預算數一億二千零四十萬零三千一百九十元外，尚有預算餘額四千五百一十萬零一千四百五十四元正。

（丙）生活補助費：原列預算數為二十億零六千五百二十三萬二千元，動支第二預備金六千七百七十八萬八千六百元，追加數一百七十四億七千八百二十四萬零七百九十元，以前年度預算轉入數五百二十三萬七千七

百元，調整後預算數為一百九十六億一千六百四十九萬
九千零九十元，除核簽支付書數一百九十五億二千四百
四十三萬四千零四十九元九角五分外，尚有預算餘額九
千二百零六萬五千零四十元零零五分。

　　（丁）善後救濟基金：原列預算數為六千一百零八
萬元，並無調整，除核簽支付書數五千零一十一萬二千
元外，尚有預算餘額一千零九十六萬八千元正。

　　該部主管及所屬各單位經臨費會計報告，除內政部
會計報告完全送審外，其禁煙委員會、警察總隊、中央
警官學校等機關亦多已造送，審核結果，內有內政部列
報部長公館自來水費五三、〇九〇・〇〇元，電費七、
〇八四・〇〇元，及酒席費一二〇、〇〇〇・〇〇元等
項，核有未合，均已予以剔除，其餘尚屬符合。

　　內政部及其所屬機關財務之稽察事務，經依法辦理
結果，除首都警察廳庫存現金較帳面缺少四、一五三・
七六元，並以借據及匯票抵充現金，已通知注意外，其
餘尚鮮不合，至各該機關營繕工程及購置變賣財物開標
驗收之監視，卅五年內共有五十六起，總計節省公帑
一千八百二十萬零八千二百一十六元。

第五款　外交部主管

　　（甲）經常費：原列預算數為一億八千九百九十三
萬二千元，動支第二預備金三千八百四十二萬八千四百
元，追加數一百四十五億四千九百三十六萬七千三百二
十元，調整後預算數為一百四十七億七千七百七十二萬
七千七百二十元，除核簽支付書數一百四十七億七千二

百六十八萬二千七百二十元外，尚有預算餘額五百零四萬五千元正。

（乙）臨時費：原列預算數為二億五千五百二十六萬元，動支第二預備金五十四億零九百二十八萬七千三百六十元，追加數一百九十四億五千六百七十三萬七千七百九十九元九角三分，調整後預算數為二百五十一億二千一百二十八萬五千一百五十九元九角三分，除核簽支付書數二百四十九億二千一百二十八萬五千一百五十九元九角三分外，尚有預算餘額二億元正。

（丙）生活補助費：原列預算數為四億三千二百三十七萬八千元，動支第二預備金四千七百零八萬三千八百元，追加數一十六億一千零八十二萬五千四百八十元，調整後預算數為二十億零九千零二十八萬七千二百八十元，經全數核簽支付書，並無餘額。

該部主管各單位送審情形，計本部審核外交部本身經臨費，及各省審計處經辦外交部所屬各省區特派員辦公處經臨費會計報告多已依法編送，至駐外國各使館及外交部主管之宣傳情報及招待等臨時費，均尚未送審，經查其已送部份，除東北區特派員辦公署列報經臨各費，均未註明流通券與國幣之折合率，核與規定不符，已予以查詢外，尚有外交部經費內列報膳食補助費暨膳食津貼四二〇、〇〇〇・〇〇元，及統計室、人事處溢支薪俸六四、六五二・三〇元等項不當支出，均已分別剔除。

外交部及所屬各機關財務之稽察事務，除駐外各領使館外，均經依法辦理，三十五年度計有監視營繕工

程及購置變賣財物開標驗收等案二十起，稽察結果尚鮮
不合。

第六款　軍政部主管

（甲）經常費：原列預算數為一萬零九百九十億零
七千九百九十九萬六千元，動支第二預備金五百七十四
億六千七百零三萬一千六百五十七元貳角，追加數二萬
零九百九十八億三千一百八十一萬一千三百三十四元七
角五分，以前年度預算轉入數三百七十六億九千九百四
十七萬零八百六十一元七角八分，調整後預算數為三萬
二千九百四十億零七千八百三十萬零九千八百五十三元
七角三分，除核簽支付書數三萬二千九百三十八億四千
一百六十四萬五千二百一十五元外，尚有預算餘額二億
三千六百六十六萬四千六百三十八元七角三分。

其主管各單位經臨費會計報告之編送，先由該部會
計處及其所屬各分處稽核，再行轉送本部及各省審計處
審核，本部除參照該部會計處稽核意見，斟酌辦理外，
仍有手續不合暨不當或不法支出等情事，即予以分別剔
除查詢及糾正或改進。本年度審核結果，計有第四十一
兵工廠三十五年度盈餘未依規定解繳國庫，第十二兵工
廠列支員工生育輔助費八二、〇〇〇・〇〇元，軍佐獎
金六、二五四、一六四・三五元，士兵獎金七七一、二
〇〇・〇〇元，工人獎金四三五、〇九六・五〇元，及
獎金一、九五二、七三三・〇〇元等，第二十六兵工廠
列報員工留用獎金七、四八七、五八二・〇〇元，調差
旅費一、四七〇、八〇〇・〇〇元，及眷屬旅費二、

七二八、八〇〇‧〇〇元等，此外並有代扣黨員月捐未予如數繳解黨部，第五十三工廠貴陽分廠列支職員眷屬生育補助費一〇、〇〇〇‧〇〇元，桂林遊修隊房租押金二〇、〇〇〇‧〇〇元，及職員私人寄書費四〇〇‧〇〇元，依法不准報支，均予悉數剔除，至於列支生活津貼七、二四二、八七四‧四〇元，及溢薪一六八、七四九‧〇〇元，究係依據何項規定辦理，均有未明，業經行文查詢。兵工署第二工廠三十四年度列報員工子女教育、醫藥及生育等補助費，業於三十五年府令停止支給有案，該廠仍列報此項支出共三一五、三三〇‧〇〇元，並漏附事業報告書，均已通知剔除及補送。至其他各單位送審情形間有數字計算上之錯誤，或缺附支出憑證或漏送驗收證明書等情事，均分別通知糾正或補送。

各軍事機關財務之稽察事務，均經依法辦理，三十五年度計有監視營繕工程及購置變賣財物開標比價訂約驗收等案四百八十一起，共節省公帑一十一億一千六百八十七萬八千二百二十六元，又派員常川監驗第一被服廠、首都被服廠及第三軍需局製作之冬夏季軍服，除不符規定拒絕監收或剔除者外，其不合規定同意扣款監收者，共罰款四千四百九十一萬零七百二十元八角九分，並追繳餘料三三‧六碼，四、六四八、八五九平方公分及棉花四、六八五斤四兩。

第七款　財政部主管

（甲）經常費：原列預算數為五十五億九千零五十萬零二千元，動支第二預備金二千二百零二萬三千零八

十八元，追加數三百四十八億五千四百八十三萬七千九百二十六元三角二分，以前年度預算轉入數一十九億八千二百四十萬元，調整後預算數為四百二十四億四千九百七十六萬三千零一十四元三角二分，除核簽支付書數四百二十四億三千七百零一萬二千八百八十二元七角五分，及轉入下年度預算數一千二百七十五萬零一百三十一元五角七分外，並無餘額。

（乙）臨時費：原列預算數為三十一億一千一百一十一萬二千元，動支第二預備金三十五億六千六百八十七萬八千四百零三元五角六分，追加數一百九十六億九千零六十三萬七千七百四十五元七角二分，以前年度預算轉入數三億九千六百八十四萬三千六百一十四元，調整後預算數為二百六十七億六千五百四十七萬一千七百六十三元二角八分，除核簽支付書數二百五十八億七千零三十萬零六千七百一十一元八角六分，及轉入下年度預算數八億二千三百萬零零七千九百元外，尚有預算餘額七千二百一十五萬七千一百五十一元四角二分。

（丙）生活補助費：原列預算數為四百四十四億一千零零二萬九千元，動支第二預備金五千四百五十五萬七千七百九十七元，追加數八百零三億五千五百八十五萬六千一百元，以前年度預算轉入數一十二億八千二百萬零零五千九百元，調整後預算數為一千二百六十一億零二百四十四萬八千七百九十七元，除核簽支付書一千二百三十四億九千九百五十五萬六千六百七十四元九角八分，及轉入下年度預算數二十六億零二百八十九萬二千一百二十二元零二分外，並無餘額。

（丁）事業費：原列預算數為三億六千六百九十萬元，追加數七十四億二千二百四十八萬四千一百三十元零五角三分，調整後預算數為七十七億八千九百三十八萬四千一百三十元零五角三分，除核簽支付書數七十四億零五百九十五萬一千二百零一元五角三分，及轉入下年度預算數一千六百五十三萬二千九百二十九元外，尚有預算餘額三億六千六百九十萬元正。

該部主管及其所屬單位會計報告之審核，除散在各省市區之稅局及各港口之海關，向由各該省市審計處兼辦外，其逕送本部審核者，祇有財政部及直屬各署會處等單位。查三十五年度該主管各單位經臨費之送審情形，多已依法辦理，審核及抽查結果，計有財政部列報未兼任單位主管職務之專員特別辦公費計一六七、九〇〇・〇〇元，直接稅署列有超支薪俸科員特別辦公費，國庫署列支稽察特別辦公費暨專員特別費，及關務署支給不合格人員生活補助費三、五八九、九〇〇・〇〇元等項，與規定不符，經已分別通知剔除或查詢。

財政部及所屬機關財務之稽察事務，均經依法辦理。綜其結果，財政部向中央銀行借款，合約未依法送審，財產帳簿亦未設置，國庫署公款未悉數存放公庫，會計帳冊登記遲緩，向中央銀行借款理由亦欠充分，稅務署三十三、四年度經費剩餘均未解庫，以前年度所屬機關購米補助金等帳戶，迄未清結，直接稅署經管公款悉存庫，暫付款項為數甚鉅，稅務署評價委員會職員王立夫兼職兼領車費，中央造幣廠職員張泰豐以委任人員支領特別辦公費，已分別予以糾正。至監視財務機

關營繕工程及購置變賣財物開標驗收案件，三十五年度計有八十四起，共節省公帑二億九千六百二十四萬二千八百五十六元，又東北鹽務管理局綏豐場署，損失流通券四千七百三十四元一案，經管人員顯未盡善良保管之責，當通知追償，不予存查。

第八款　經濟部主管

（甲）經常費：原列預算數為一億八千九百八十七萬六千元，動支第二預備金一億三千零六十一萬八千六百五十元，追加數五億六千六百三十六萬八千零六十四元，以前年度預算轉入數七千一百八十元，調整後預算數為九億五千八百六十六萬二千七百一十四元，除核簽支付書數五億九千八百五十萬零六千五百五十二元零五分外，尚有預算餘額三億六千零一十五萬六千一百六十一元九角五分。

（乙）臨時費：原列預算數為四億三千八百一十一萬元，動支第二預備金八億一千五百零五萬三千二百元，追加數二十八億一千三百七十二萬三千六百八十七元六角，以前年度預算轉入數九千八百八十七萬五千零一十七元八角，調整後預算數為四十一億六千五百七十六萬一千九百零五元四角，除核簽支付書數四十一億六千二百八十八萬六千八百八十七元六角，及轉入下年度預算數二百八十七萬五千零一十七元八角外，並無餘額。

（丙）生活補助費：原列預算數為二十八億六千八百九十六萬七千元，動支第二預備金三億四千零三萬

四千八百元，追加數六十一億四千八百一十六萬八千七百六十九元七角九分，以前年度預算轉入數六億三千零六十六萬六千五百一十八元一角，調整後預算數為九十九億八千七百八十三萬七千零八十七元八角九分，核簽支付書數為二百一十一億零三百零一萬三千二百三十六元三角一分，計超支一百一十一億一千五百一十七萬六千一百四十八元四角二分，尚待彙辦追加。

（丁）事業費：原列預算數為五百零八億六千萬元，動支第二預備金五億九千三百四十萬元，追加數五十一億七千二百二十八萬四千七百五十六元零三分，調整後預算數為五百六十六億二千五百六十八萬四千七百五十六元零三分，除核簽支付書數五百五十一億零零四十七萬三千六百二十九元五角六分外，尚有預算餘額一十五億二千五百二十一萬一千一百二十六元四角七分。

該部及所屬中央地質調查所、商標局、全國度量衡局、技工訓練處、工業標準委員會、專用無線電台等機關，經臨費類會計報告，均已送審齊全，審核結果發現不合規定者，有私人購置皮箱費二五、〇〇〇・〇〇元，便餐費三九八、〇〇〇・〇〇元，委任人員支領特別辦公費二三七、〇〇〇・〇〇元，停薪人員生活補助費八五、二〇〇・〇〇元，會議菜席費二二七、二〇〇・〇〇元，人事管理員特別辦公費五七、〇〇〇・〇〇元，及小組會議菜飯費四二六、五〇〇・〇〇元等情事，均予分別通知剔除或查詢。

經濟部及所屬機關財務之稽察事項，經依法辦理結果，除中央地質調查所以生活補助費墊付其他帳類款、

現金出納備查簿及財產帳簿均未設立，已予糾正外，其餘尚鮮不合。至營繕工程及購置變賣財物開標驗收之監視，三十五年度計有七十三起，共節省公帑六百零五萬五千七百七十元零五角（內資委會三十七件，節省公帑五二、五〇〇元）。

第九款　教育部主管

（甲）經常費：原列預算數為四十四億六千七百四十一萬一千元，動支第二預備金六億一千五百五十九萬八千六百六十元，追加數一百三十五億八千四百六十萬零七千四百元，追減數一百七十四萬元，以前年度預算轉入數六千四百零五萬三千零九十九元九角六分，調整後預算數為一百八十七億二千九百九十三萬零一百五十九元九角六分，除核簽支付書數一百八十七億一千八百七十四萬五千二百九十一元外，尚有預算餘額一千一百一十八萬四千八百六十八元九角六分。

（乙）臨時費：原列預算數為一百五十八億一千九百五十三萬三千元，動支第二預備金三百六十三億七千四百七十四萬三千八百五十元，追加數一百四十八億五千五百一十二萬零二百零九元二角八分，追減數四千四百五十七萬元，以前年度預算轉入數七億六千九百七十六萬八千五百八十一元五角三分，調整後預算數為六百七十七億七千四百五十九萬五千六百四十元零八角一分，除核簽支付書數六百七十七億七千三百四十八萬二千六百三十五元外，尚有預算餘額一百一十一萬三千零零五元八角一分。

　　（丙）生活補助費：原列預算數為二百七十六億二千七百二十二萬五千元，動支第二預備金二十億零三千七百三十五萬六千二百八十元，追加數七百二十九億零四百九十二萬零零八十元，以前年度預算轉入數九百二十九萬四千元，調整後預算數為一千零二十五億七千八百七十九萬五千三百六十元，除核簽支付書數一千零二十五億六千九百七十二萬五千零零三元外，尚有預算餘額九百零七萬零三百五十七元正。

　　該部主管各種費類，如高等教育費內列有中央政治學校、稅務專門學校、中央幹部學校、三民主義青年團新聞事業費暨廣播事業費，及各學校黨務費等，均由中央黨部及中央團部主管，不屬本部審核範圍，至本年度該部所屬各大中學以及其他各單位之經常費，均已單獨成立預算，且各單位之臨時費亦由該部統籌支配，匪特該類經費來源名目既有未明，即其變更分配之權，亦盡在主管機關之手，甚至連分配預算，亦未悉數送部，事後審核尤感困難。查本年度該部主管各單位經臨費會計報告，經審核及抽查結果，內有中央圖書館列報人事管理員特別辦公費一、〇〇〇・〇〇元。江蘇醫學院報支低俸人員補助費七七、九〇〇・〇〇元，工人膳食津貼九五、〇二八・〇〇元，及浮報款一、九二二元。勞作師範學校列報校務會議餐費六、〇〇〇・〇〇元，無原始憑證，辦公用款二、〇〇〇・〇〇元，及跨越年度燈油支出二〇八、八六〇・〇〇元。中央大學師範學院附屬中學，列支香煙費四、四〇〇・〇〇元。上海醫學院，列報兼任圖書館管理員特別津貼一、八〇〇・〇〇

元。國術體育專科學校，列報低薪人員補助費一六、九○○‧○○元。中華教育電影製片廠，列報已故廠長之特別辦公費九、○○○‧○○元，及生活補助費二八九、八○○‧○○元，招待費七八四、七二八‧○○元，私人用款四○、○○○‧○○元，借支寒衣費九一、八○○‧○○元及低薪人員補助費七○、○○五‧○○元。中央高級護士職業學校，報支教職員補助費一、六四○‧○○元及教職員補助金七、五一○‧一三元。上海音樂專科學校溢支旅費一九、八○○‧○○元，科學儀器製造所，辦公費內列支雇員警衛薪工二七八、四○○‧○○元，國立女子中學列有不當支出九、七五○‧○○元等情事，核與規定不合，均予分別通知剔除查詢糾正或補送在案。

　　教育部及所屬機關財務之稽察事務，經依法辦理結果，除國立中央大學公款未悉存公庫，會計帳簿登記遲緩已通知注意外，其餘尚鮮不合。至營繕工程及購置變賣財物開標驗收之監視，三十五年度計有二百二十三起，共節省公帑二億九千五百七十萬零九千六百九十五元。

第十款　交通部主管

　　（甲）經常費：原列預算數為九億零九百四十四萬三千元，動支第二預備金三億一千一百零八萬二千六百七十元，追加數二百零二億四千五百六十三萬五千七百三十九元五角，以前年度預算轉入數一千八百七十六萬三千四百元，調整後預算數為二百一十四億八千四百九

十二萬四千八百零九元五角，除核簽支付書數二百一十四億二千五百九十四萬五千六百零九元五角，及轉入下年度預算數五千八百九十七萬九千二百元外，並無餘額。

（乙）臨時費：原列預算數為二億一千八百萬元，動支第二預備金三十五億二千九百二十五萬一千二百五十二元，追加數一百一十三億三千一百九十八萬五千零八十三元，以前年度預算轉入數一百一十三億元，調整後預算數為二百六十三億七千九百二十三萬六千三百卅五元，除核簽支付書數二百五十一億八千八百七十六萬二千三百卅一元九角九分，及轉入下年度預算數一億七千二百四十二萬三千六百零三元三分外，尚有預算餘額一十億零一千八百零五萬零四百元正。

（丙）生活補助費：原列預算數為五十五億八千八百八十九萬六千元，動支第二預備金四億五千七百八十五萬八千八百元，追加數一百八十九億八千一百一十七萬六千七百三十元，以前年度預算轉入數九十三億一千七百八十二萬二千六百三十元零五角，調整後預算數為三百四十三億四千五百七十五萬四千一百六十元零五角，經全數核簽支付書，並無餘額。

（丁）事業費：原列預算數為二百三十六億三千五百四十萬元，動支第二預備金二百六十九億五千四百六十五萬六千九百九十九元，追加數三千二百四十四億五千八百五十七萬五千九百六十九元五角三分，調整後預算數為三千七百五十億零四千八百六十三萬二千九百六十八元五角三分，除核簽支付書數三千三百七十九億二

千八百七十七萬七千三百七十五元四角五分，及轉入下
年度預算數一億七千四百一十六萬四千二百六十一元零
四分外，尚有預算餘額三百六十九億四千五百六十九萬
一千三百三十二元零四分。

（戊）善後救濟基金：原列預算數為三千三百六十
五億八千零四十四萬八千元，追加數一千一百五十六億
一千五百九十九萬元，調整後預算數為三千五百二十一
億九千六百四十三萬八千元，除核簽支付書數二千一百
零九億八千萬元外，尚有預算餘額一千四百一十二億一
千六百四十三萬八千元正。

交通部主管各單位經臨費會計報告，多已依法送
審，審核結果，內計交通警察總局列報花圈輓聯費
三二四、二八四‧○○元。公路總局累計表內列薪俸與
實付數不符，運輸人員訓練所列支香煙費四七、五一
○‧○○元，招待費五一、二八○‧○○元，職員津貼
一一、七八七‧○○元，及臨時費內列支機務班學員公
糧代金四四五、二○○‧○○元。滇緬公路工務局彌遮
段工程處，列報出差補助費九五、四八○‧○○元。
保密公路新工總處油管工程處，列支房租費三○○、
○○○‧○○元。中央造紙公司籌備處旅費，內列支筵
席費六五、四五○‧○○元，遷移安家津貼五、九七
○、○○○‧○○元，冬季服裝津貼五、一○○‧○○
元，職員膳食補助費四、九八六、六二○‧○○元，眷
屬旅費八二四、九○○‧○○元，及子女教育補助費
二九六、四一六‧○○元。南京電訊局局長重支特別
辦公費一五○、○○○‧○○元，與交通費四二○、

○○○‧○○元暨員工福利費一六、六九○、○○○‧○○元。公路總局第一國道測量隊赴任旅費六○、○○○‧○○元。長江區航政局經費預算，尚未送部，長江區航政局九江辦事處列報緊急疏散費，作何年度支出及預算核定若干，均未註明等事項，核有未合，均經分別通知剔除及查詢或糾正。

　　交通部及所屬機關財務之稽察事務，經依法辦理結果，除南京電信局購置財物未依照規定辦理，財產帳簿尚未設置，公路工程器材製造所人事管理員兼領特別辦公費，國營招商局等機關損失財物未送證件，已分別糾正外，其餘尚鮮不合。至交通機關營繕工程及購置變賣財物開標驗收之監視，三十五年度計有一百八十三起，共節省公帑二億零九百七十五萬零一百一十九元一角。

第十一款　農林部主管

　　（甲）經常費：原列預算數為三千七百三十六萬四千元，追加數一億三千一百二十二萬元，以前年度預算轉入數四億六千七百零八萬九千一百一十一元六角，調整後預算數為六億三千五百六十七萬三千一百一十一元六角，除核簽支付書數六億三千四百零八萬九千八百九十九元六角外，尚有預算餘額一百五十八萬三千二百一十五元。

　　（乙）臨時費：原列預算數為一千萬元，動支第二預備金五億五千八百四十九萬八千一百九十七元，追加數一億零三百六十一萬一千六百元，以前年度預算轉入數二億二千三百二十二萬五千元，調整後預算數為八億

九千五百三十三萬四千七百九十七元，除核簽支付書數
四億八千九百九十三萬二千三百九十四元，及轉入下年
度預算數四億零五百四十萬零二千四百零三元外，並無
餘額。

（丙）生活補助費：原列預算數為二十一億七千五
百五十七萬元，動支第二預備金四億六千六百六十萬零
八千四百元，追加數六十二億五千零六十七萬七千元，
以前年度預算轉入數五億零六百四十五萬九千九百二十
八元四角一分，調整後預算數為九十三億九千九百三十
一萬五千三百二十八元四角一分，核簽支付書數為一百
零四億九千三百一十二萬零三百五十二元五角一分，計
超支一十億零九千三百八十萬零五千零二十四元一角，
尚待彙辦追加。

（丁）事業費：原列預算數為一十億零七千四百九
十三萬八千元，動支第二預備金一十五億一千一百二十
萬零三千九百四十元，追加數二十三億三千三百九十六
萬八千六百八十三元五角七分，以前年度預算轉入數一
億九千八百九十萬零九千八百八十八元七角，調整後預
算數為五十一億一千九百零二萬零五百一十二元二角七
分，除核簽支付書數三十七億六千九百七十二萬七千七
百九十四元三角，及轉入下年度預算數一十億零零二百
三十萬零四千五百零七元三角外，尚有預算餘額三億四
千六百九十八萬八千二百一十元零六角七分。

（戊）善後救濟基金：原列預算數為一百零四億四
千七百三十一萬元，無調整數，除核簽支付書數八十三
億三千零四十七萬四千元，及轉入下年度預算數二十一

億一千六百八十三萬六千元外，並無餘額。

　　該部主管各單位經臨費會計報告已送審者，經核計有畜牧實驗所列報所長犒賞汽車司機酒錢六、〇〇〇・〇〇元，及購置雙錢牌長統雨鞋三雙共一五〇、〇〇〇・〇〇元，均屬私人用費，不應由公款項下開支。西北獸醫防治處，事業費列有伙食津貼，究依何項規定支給。農林部於經費內報支招待外賓費，原因未經註明。林業實驗所事業費內列支特別辦公費及生活補助費，缺附原始憑證。農業實驗所除清冊支特別辦公費，與報表列數不符外，復於改良事業費內列支私人西裝、雨衣及熱水瓶等費八七、二〇〇・〇〇元。洪江民林督導實驗區經事費，內列有林業貸款一一、〇〇〇・〇〇元。遂寧合作農場辦事處支給職員生育補助費五、〇〇〇・〇〇元。農業推廣委員會報支銓敘不合格俸薪一〇〇・〇〇元，及單據簿各項目列數錯誤。農業試驗所北平農事試驗場列支香皂六、八〇〇・〇〇元，與私人電訊一、一二〇・〇〇元暨私人皮箱六〇、〇〇〇・〇〇元。滁州牛種繁殖場，列報雇員二等火車票二、七〇〇・〇〇元，與生活補助費超支。華中棉產改進處列報處務會議香烟及餐費一、〇五〇・〇〇元，鄂豫區推廣繁殖站支徐韋如特別辦公費三、〇〇〇・〇〇元等情事，均於規定不合，已依法通知剔除查詢及糾正補送。

　　農林部及所屬機關財務之稽察事務，均經依法辦理。綜其結果，農林部會計事務處理尚欠完善，以前年度各項臨時費均未清結，公款亦未悉數存放公庫。中央農業實驗所上年度經費剩餘尚未解繳，財物帳簿復未設

置。農業推廣委員會各費類間借墊款項為數頗鉅，上
年度經臨各費亦未清結。農田水利工程處三十二年至
三十四年度經臨各費多未結束，各費剩餘及利息收入亦
未繳庫，已分別予以糾正。至農林機關營繕工程及購置
變賣財物開標驗收之監視，三十五年度計有三十二起，
共節省公帑二千五百三十八萬一千五百三十六元五角。

第十二款　社會部主管

（甲）經常費：原列預算數為一億五千四百二十五
萬五千元，動支第二預備金五百五十萬元，追加數四億
七千三百三十八萬元，調整後預算數為六億三千三百一
十三萬五千元，經全數核簽，並無餘額。

（乙）臨時費：原列預算數為一十六億一千二百四
十一萬二千元，動支第二預備金二十七億八千八百六十
九萬零一百七十三元，追加數一十四億四千八百六十二
萬七千一百八十元，調整後預算數為五十八億四千九百
七十二萬九千三百五十三元，除核簽支付書數三十九億
九千八百六十五萬一千零零八元，及轉入下年度預算數
一十八億五千零零二萬六千一百三十一元外，尚有預算
餘額一百零五萬二千二百十四元正。

（丙）生活補助費：原列預算數為一十八億零七百
三十萬零五千元，動支第二預備金六千零五十九萬二千
元，追加數三十三億七千零九十七萬五千元，以前年度
預算轉入數一十一萬四千八百一十三元一角五分，調整
後預算數為五十二億三千八百九十八萬六千八百一十三
元一角五分，除核簽支付書數五十二億三千五百三十二

萬九千六百六十元零二角五分，及轉入下年度預算數二百六十一萬五千二百六十二元外，尚有預算餘額一百零四萬一千八百九十一元正。

（丁）事業費：原列預算數為二億七千六百萬元，追加數五十萬零八千一百七十四元三角五分，以前年度預算轉入數二百萬元，調整後預算數為二億七千八百五十萬零八千一百七十四元三角五分，經全數核簽，並無餘額。

（戊）善後救濟基金：原列預算數為一百零二億三千零九十九萬七千元，無調整數，除核簽支付書數八十三億七千五百五十八萬三千七百零四元外，尚有預算餘額一十八億五千五百四十一萬三千二百九十六元。

該部主管及所屬各機關名目繁多，分布遍全國。本年度送審情形，除散在各省市者之會計報告概歸各省市審計處審核具報外，其由本部直接審核者，計社會部臨時費內列支交通費四○、○○○・○○元，及便餐費四四、○○○・○○元，合作輔導團第一團經常費內缺附商店收據或經手人證明單。合作事業管理局生活補助費表冊列數不符。合作輔導第二團及第三團，均缺附各項支出原始憑證。全國合作社物品供銷處，租賃修繕費內有漏送購置驗收證件等項，均經分別通知剔除查詢或糾正補送。

社會部及所屬機關財務之稽察事務，均經依法辦理。綜其結果，社會部各費類間借墊款項為數頗鉅，以前年度各項臨時費多未清結，接收及新購財產尚未登記，銀行存款與手存現金混記一起，實存數亦較應存數

為多。合作事業管理局以借據抵充現金，公款未悉存公
庫。勞動局分批修繕房屋，似有意圖避免稽察程序之
嫌，已分別予以糾正。至營繕工程及購置變賣財物開標
驗收之監視，三十五年度計有四十七起，共節省公帑
三千九百二十四萬零八百五十元。

第十三款　糧食部主管

（甲）經常費：原列預算數為一十一億一千一百八
十二萬二千元，追加數六十八億七千二百三十三萬六千
五百四十二元，調整後預算數為七十九億八千四百一十
五萬八千五百四十二元，除核簽支付書數七十九億八千
三百八十八萬七千三百七十一元，及轉入下年度預算數
二十七萬一千一百七十一元外，並無餘額。

（乙）臨時費：原列預算數為一百六十八億七千九
百一十萬零六千元，追加數七百八十五億一千零五十五
萬八千四百零六元二角六分，以前年度預算轉入數二億
三千八百一十一萬六千元，調整後預算數為九百五十六
億二千七百七十八萬零四百零六元二角六分，除核簽支
付書數九百五十六億零一百六十八萬零三百九十一元
外，尚有預算餘額二千六百一十萬零零零一十五元二角
六分。

（丙）生活補助費：原列預算數為二百四十六億六
千一百零九萬五千元，追加數九百五十二億五千五百九
十萬零七千三百八十九元，以前年度預算轉入數六百四
十六萬八千零八十一元，調整後預算數為一千一百九十
九億二千三百三十九萬零四百七十元，除核簽支付書數

一千一百八十九億一千三百六十三萬二千五百二十八元，及轉入下年度預算數三十萬零零二百四十三元外，尚有預算餘額一十億零零九百四十五萬七千六百九十九元整。

（丁）事業費：原列預算數為五十億元，經全數追減。

該部主管所屬各單位經臨費會計報告，除一部份由本部審核外，至其所屬各省之糧食儲運局暨各省市田賦糧食管理處，分由各該審計處辦理，審核結果，計糧食部列報科員特別辦公費清冊與表列基本暨加成兩數不符，均已分別通知剔除或查詢。

糧食部及所屬機關財務之稽察事務，經依法辦理結果，糧食部以前年度發給各機關公糧代金賬項迄未清結，應收票據過期多日尚未收回，歲入款項未隨時繳庫，會計帳簿登記遲緩。田賦署以借據抵充現金，公款未悉存公庫，暫付款項為數甚鉅。四川糧食儲運局運糧損失數目鉅大，已分別予以糾正。至糧食機關營繕工程及購置變賣財物開標驗收之監視，三十五年度計有二十四件，共節省公帑一百二十七萬一千一百零五元。

第十四款　司法行政部主管

（甲）經常費：原列預算數為一十四億零八百二十五萬六千元，追加數四十五億一千五百零二萬三千零八十元，以前年度預算轉入數六百三十六萬六千四百八十八元四角六元，調整後預算數為五十九億二千九百六十四萬五千五百六十八元四角六分，除核簽支付書數五十

九億二千七百四十五萬零一百八十五元外，尚有預算餘額二百一十九萬五千三百八十三元四角六分。

（乙）臨時費：原列預算數為五十四億三千七百七十六萬八千元，動支第二預備金三十五億二千零五十四萬一千二百元，追加數三百六十七億一千零一十四萬七千二百零三元二角，以前年度預算轉入數四億二千八百二十三萬二千二百七十三元，調整後預算數為四百六十億零九千六百六十八萬八千六百七十六元二角，除核簽支付書數四百五十六億九千八百零四萬五千三百零九元，及轉入下年度預算數二千九百五十萬零五千四百二十三元外，尚有預算餘額三億六千九百一十三萬七千九百四十四元二角整。

（丙）生活補助費：原列預算數為三百零三億七千五百零三萬七千元，動支第二預備金一十一億一千四百五十萬零六千元，追加數五百五十五億一千九百零三萬三千八百元，以前年度預算轉入數四十五萬八千一百八十一元五角九分，調整後預算數為八百七十億零零九百零三萬四千九百八十一元五角九分，除核簽支付書數八百五十七億六千三百六十九萬六千三百二十五元，及轉入下年度預算數一十二億四千五百三十三萬八千六百五十六元五角九分外，並無餘額。

（丁）事業費：原列預算數為二億元，追加數一百八十萬零九千元，調整後預算數為二億零一百八十萬零九千元，除核簽支付書數一億九千一百六十八萬元外，尚有預算餘額一千零一十二萬九千元整。

至該主管及所屬各單位經臨費會計報告，除司法行

政部、首都地方法院暨首都監獄三單位，已全部送齊，
及最高法院檢察署與法醫研究所兩單位，亦已大部份造
送外，至京外各省高等法院及地方法院等單位之編送
情形，根據各省審計處呈報，則廣西、湖北及河南三省
高等法院等送審情形最佳，次如湖南、福建、山東、山
西、四川、甘肅、雲南等七省高等法院，亦已大部份送
審，其他各省高等法院全未送審，茲就送達部份審核結
果，計最高法院檢察署三十四年度經費歲出應付款漏
附工作日記表，首都高等法院調任赴任旅費，缺附乘
機憑證，及復員緊急實施費內列支招待費三百三十萬
元，首都監獄全年度生活補助費共結存九百八十二萬
六千四百二十八元一角二分，尚未繳庫。可抽查結果，
在高等法院收支賬目方面，發現四川高等法院第六分院
七至九月份員工薪餉表，漏貼印花，計六萬元，財產明
細分類賬尚未設置，及法收二、四一七、一八三‧八七
元，延未繳庫。安徽高等法院會計制度未臻健全，手存
現金二千餘萬元，多被員工借支，經費剩餘延不繳庫，
以及墊付款迄未收回。湖南高等法院財務組織尚稱周
密，惟會計制度尚多欠缺，會計處理亦未完善，且該院
辦公費與購置費超支，未辦理追加預算手續，又截至七
月止，庫存現金內借墊款，借條既多未經主管批准，復
未送交會計室編造傳票正式入賬，法收一百八十餘萬元
延未繳庫，及鉅額暫收暫付暨代領經費等迄未收回或清
發。河南高等法院一月份經費類賬目，經核收不敷支達
二千一百餘萬元，曾否呈准由何款墊支，有所未明，及
所屬機關歲入類存留現金五千五百餘萬元之鉅，均未存

入公庫。河北高等法院帳簿設置未齊，會計處理手續尚多脫漏，現金出納登記簿經費類結存與分類簿現金科目結餘亦屬不符。在各地方法院收支賬目方面，發現湖北武昌地方法院法收，均交出納員自行保管挪用並不繳庫，手存現金達三百餘萬元，及事務人員經手之辦公費單據不交會計室轉賬，以致暫付款數額甚鉅。甘肅酒泉、武威、臨洮、皋蘭等四個地方法院會計處理事項，既未依照規定辦理，又多錯誤。皋蘭地方法院列支稅局「暫收款」六成罰鍰六千六百元，誤為六千六百六十元，計多付六十元。臨洮地方法院五月份現金結存表漏列支出，致賬表結存兩不相符，收支傳票均未依法裝訂，帳冊憑證之錯誤又未依法改正。酒泉地方法院結存現金未依法繳庫。河南開封地方法院會計報表全未送審，而賬簿組織亦過於簡略，歲入現金存留數七百三十餘萬元延未繳庫，歲入、歲出各款均屬自收自支。陝西長安地方法院三十五年度經常費因物價飛漲，辦公雜費超支過鉅，尚未奉准追加，致未報銷。以上各節均有未合，除分函該管上級機關轉飭依法辦理外，並分別通知剔除繳庫糾正或改進。至於生活補助費會計紀錄，如法醫研究所僅部份送審，京市各司法機關大致編送齊全，各省法院概與經臨費送審情形相同，經審核或抽查結果，除間有查詢補送及清冊內漏蓋私章等事項已予分別糾正外，其餘大體尚無不合。

司法行政部及所屬各機關財務之稽察事務，經依法辦理結果，最高法院檢察署以生活補助費墊付經費，暫付款項為數頗鉅，財產賬簿尚未設置。首都高等法院庫

存現金缺少六、八八九‧五〇元，以借據抵充現金歲入
款項及三十四年度公糧代金節餘均未依法解繳，財產明
細帳尚未設置。首都地方法院公款未悉存公庫，歲入款
未隨時解繳，向中央銀行透支合約未依法送審，已分別
予以糾正。至司法機關營繕工程及購置變賣財物之開標
驗收，均經派員監視，尚鮮不合。

第十五款　蒙藏委員會主管

（甲）經常費：原列預算數為四千二百一十七萬二
千元，動支第二預備金一千一百四十四萬九千六百四十
元，追加數二億九千五百九十六萬六千五百元，追減數
三百八十七萬六千元，以前年度預算轉入數八萬元，調
整後預算數為三億四千五百七十九萬二千一百四十元，
除核簽支付書數三億四千五百七十八萬零八百三十一
元，及轉入下年度預算數一萬一千三百零九元外，並無
餘額。

（乙）臨時費：原列預算數為五千六百二十一萬八
千元，動支第二預備金一十億零三千零六十九萬二千六
百五十四元，追加數三億二千零一十二萬一千元，追減
數二千一百八十萬元，以前年度預算轉入數二百萬元，
調整後預算數為一十三億八千七百二十三萬一千六百五
十四元，除核簽支付書一十三億八千三百八十六萬八千
九百六十二元外，尚有預算餘額三百三十六萬二千六百
九十二元整。

（丙）生活補助費：原列預算數為三億六千二百五
十九萬二千元，動支第二預備金五千八百一十六萬四千

元，追加數一十億零三千五百九十八萬五千六百元，以前年度預算轉入數六十三萬八千八百八十元，調整後預算數為一十四億五千七百三十八萬零四百八十元，經全數核簽，並無餘額。

至該會及所屬各單位經臨費會計報告，大致均已送審齊全，經審核結果，計有該會列報招待筵席費一三四、八四〇・〇〇元，補助旅費一八〇、〇〇〇・〇〇元，未附旅費報表暨正式俸薪收據，及蒙藏失業人員救濟費，各領款人員數額不同，究依據何項規定核發未予註明事由。西藏班禪駐京辦事處補發增加俸薪及生活補助費一案，早經報核在案，何以復有該項增加俸薪及生活補助費列報，原因未明。綏蒙指導長官公署列報香烟費六四、九〇〇・〇〇元等項，核與規定不符，均經分別通知剔除查詢或補送。

蒙藏委員會及所屬機關財務之稽察事務，均經依法辦理，三十五年度計有監視營繕工程及購置財物開標驗收案五起，稽察結果尚無不合。

第十六款　僑務委員會

（甲）經常費：原列預算數為一千六百三十二萬五千元，動支第二預備金六百二十六萬四千元，追加數六千二百零四萬元，調整後預算數為八千四百六十二萬九千元，除核簽支付書數八千三百一十一萬五千元及轉入下年度預算數一百四十萬元外，尚有預算餘額一十一萬四千元整。

（乙）臨時費：原列預算數為三千五百二十萬零四

千元，動支第二預備金一十三億八千九百九十一萬零七百四十元，追加數九億七千四百八十五萬二千元，調整後預算數為二十三億九千九百九十六萬六千七百四十元，除核簽支付書數二十二億一千三百一十三萬四千八百五十四元零六分，及轉入下年度預算數一億七千六百七十五萬零五百九十八元外，尚有預算餘額一千零零八萬一千二百八十七元九角四分。

（丙）生活補助費：原列預算數為一億二千九百零五萬八千元，動支第二預備金三千八百一十八萬六千元，追加數三億一千八百一十七萬元，調整後預算數為四億八千五百四十一萬四千元，除核簽支付書數四億八千五百二十萬零二千一百九十六元，及轉入下年度預算數七萬四千八百八十十元外，尚有預算餘額一十三萬六千九百二十四元整。

至該會所屬各僑務指導處分散於沿海各省者，其會計報告概歸各該省審計處審核報部，該會經臨費類會計報告由本部直接辦理，經核內有遣散費與還都補助費暨還都經費各有預算，何以混合列報，原因不明，經予查詢，其餘尚無不合。

第十七款　水利委員會

（甲）經常費：原列預算數為四千五百八十七萬六千元，動支第二預備金三千萬元，追加數一億五千五百七十五萬三千三百三十六元九角一分，以前年度預算轉入數二億八千九百三十五萬六千元，調整後預算數為五億二千零九十八萬五千三百三十六元九角一分，除核簽

支付書數二億六千四百三十四萬五千三百三十六元九角
一分，及轉入下年度預算數二億五千六百六十四萬元
外，並無餘額。

（乙）臨時費：原列預算數為四千四百二十萬元，
動支第二預備金九千五百二十九萬二千五百六十元，追
加數二十四億六千二百三十三萬零六百二十二元，以前
年度預算轉入數九千八百三十二萬二千二百二十二元，調
整後預算數為二十七億零零一十四萬五千四百零四元，
除核簽支付書數二億九千四百八十二萬六千六百七十八
元外，尚有預算餘額二十四億零五百三十一萬八千七百
二十六元整。

（丙）生活補助費：原列預算數為三十一億八千四
百二十三萬五千元，動支第二預備金九億六千零三十萬
零二千八百元，追加數九十二億八千三百七十六萬二千
一百元，以前年度預算轉入數一億九百一十五萬八千
二百零五元四角五分，調整後預算數為一百三十五億三
千七百四十五萬八千一百零五元四角五分，除核簽支付
書數一百一十七億九千一百九十二萬八千七百一十八元
二角二分外，尚有預算餘額一十七億四千五百五十二萬
九千三百八十七元三角三分。

（丁）事業費：原列預算數為一十一億四千九百一
十八萬八千元，動支第二預備金二十五億一千三百九十
六萬一千五百五十元，追加數五億八千六百九十九萬四
千元，以前年度預算轉入數八千八百九十二萬三千四百
元，調整後預算數為四十三億三千九百零六萬六千九百
五十元，除核簽支付書數二十八億九千四百萬零零零零

六十三元零五分外，尚有預算餘額一十四億四千五
百零六萬六千八百八十六元九角五分整。

（戊）善後救濟基金：原列預算數為一千四百五十
七億零七百七十二萬三千元，以前年度預算轉入數四千
八百零七萬七千元，調整後預算數為一千四百五十七萬
五千五百八十萬元，除核簽支付書數一千二百六十五億
八千八百三十五萬一千二百零八元，及轉入下年度預算
數一百七十八億四千三百九十六萬元外，尚有預算餘額
一十三億二千三百四十八萬八千七百九十二元整。

該會主管之各單位分散於各省者，其會計報告送由
各省審計處審核報部，至在京各單位會計報告，均歸
本部辦理，其送達部份審核結果，計有導淮委員會第
十六、四十一、五十一及二二五測量隊列報外勤費二、
五七九‧九八元。河南水文總站重複列報出差旅費一、
〇〇〇‧〇〇元。岷江水道工程處列支科員代理職務
之特別辦公費四五、〇〇〇‧〇〇元。揚子江水利委
員會測量隊及水文測驗經費均列支棉大衣工料費，其
發給之規定及原因均有未明。水利委員會列支西餐費
四三三、一二〇‧〇〇元，出差被竊損失補償費一四
〇、〇〇〇‧〇〇元，及歡送赴美考察人員餐費三二、
〇〇〇‧〇〇元。水利實驗處及所屬各單位列支生活補
助費三三三、六七七、二二八‧〇〇元，未經領款人蓋
章。西康水文總站列報外勤費四三、八〇〇‧〇〇元。
昆明水工實驗室支給職員房屋津貼二四、〇〇〇‧〇〇
元。修文河水力發電廠工程處創業經費，內列有飯菜茶
點等費計九〇、二四〇‧〇〇元，未取具實支憑證之款

一、七二七、四六〇・〇〇元，職員膳食津貼七八二、一八四、七四元，招待費一五三、六二〇・〇〇元，生活補助費在事務費項下列支以及未附工程合約圖表等。綦江水道閘壩管理處整理工程費超支九八六、四五七・九七元等項，經核均有未合，已分別通知剔除查詢或補送。

水利委員會及所屬機關財務之稽察事務，經依法辦理結果，水利委員會借墊款項為數甚鉅，三十四年度經費結餘利息收入及物品售價收入均未解庫，財物賬簿亦未設置，水利示範工程處公款未悉存公庫，會計事務之處理尚欠妥善，已分別予以糾正。至營繕工程及購置變賣財物開標驗收之監視，三十五年度計有六十五起，共節省公帑四千二百零九萬七千九百九十元。

第十八款　衛生署主管

（甲）經常費：原列預算數為二億三千九百三十八萬五千元，動支第二預備金二千七百四十萬元，追加數七億三千七百九十萬零三千三百一十六元，以前年度預算轉入數一億一千一百八十七萬七千五百四十元零九角八分，調整後預算數為一十一億一千六百五十六萬五千八百五十六元九角八分，除核簽支付書數一十一億零八百二十三萬七千四百六十元外，尚有預算餘額八百三十二萬八千三百九十六元九角八分整。

（乙）臨時費：原列預算數為四億零〇四十八萬元，動支第二預備金一十七億九千九百零九萬四千四百六十元零五角，追加數九億八千六百七十萬零九千六百

四十元，以前年度預算轉入數三億四千四百零七萬四千
四百四十七元六角三分，調整後預算數為三十五億三千
零三十五萬八千五百四十八元一角三分，除核簽支付書
數三十三億五千三百二十九萬四千六百一十七元五角，
及轉入下年度預算數二千二百四十八萬六千三百八十三
元七角外，尚有預算餘額一億五千四百五十七萬七千五
百四十六元九角三分。

　　（丙）生活補助費：原列預算數為二十二億七千六
百一十四萬九千元，動支第二預備金八百七十八萬七千
六百元，追加數五十三億九千七百八十九萬四千五百四
十五元，以前年度預算轉入數五百一十五萬九千三百三
十九元六角五分，調整後預算數為七十六億八千七百九
十九萬零四百八十四元六角五分，除核簽支付書數七十
五億二千四百九十二萬三千九百四十八元零二分外，尚
有預算餘額一億六千三百零六萬六千五百三十六元六
角三分。

　　（丁）事業費：原列預算數為二億元，動支第二預
備金六千萬元，調整後預算數為二億六千萬元，經全數
核簽，並無餘額。

　　該署主管各單位會計報告，除派駐各地之檢疫所及
醫療機構均歸各省審計處審核外，在京部份則由部辦
理。查本年度大致已送審，經核結果該署經費分配數未
經填列，且所報實付數亦僅有部份辦公費，其餘各項
支出多未列報，緣由不明，此外尚有缺附薪俸正式收
據，專員特別辦公費計七〇、三五〇・〇〇元，職員補
助旅費一四八、〇〇〇・〇〇元，漏送清冊之服裝費

七九六、〇〇〇・〇〇元，缺附收據之俸薪一〇、一一
〇・〇〇元及薦任科員特別辦公費等。中醫委員會列報
專員特別辦公費五、九七六・〇〇元，南京中央醫院報
支改善從業人員待遇補助費，係由該院規費項下撥支，
曾否呈准有案，未經註明。衛生實驗院醫事衛生人員訓
練班，訓練費列支黃酒及香烟等費四六、八八〇・〇〇
元，醫療防疫總隊列有不符規定之特別辦公費一五、
〇〇〇・〇〇元，及防疫人員獎勵金一五、九五〇・
〇〇元，係以何種規定支給，原因如何，均已分別查詢
剔除或補送。

　　衛生署及所屬機關財務之稽察事務，經依法辦理結
果，中央衛生實驗院歲入款，及三十二、三年度食米代
金結餘均未解庫，財產賬簿亦未登記，醫療防疫總隊
以借據抵充現金，財產賬簿尚未設置，已予糾正。至
衛生機關營繕工程及購置變賣財物開標驗收之監視，
三十五年度計有七十起，共節省公帑七千六百四十三萬
四千一百四十四元。

第十九款　　地政署主管

　　（甲）經常費：應列預算數為一千零零九萬七千
元，追加數三千八百四十六萬四千元，調整後預算數為
四千八百五十六萬一千元，除核簽支付書數四千八百零
八萬元外，尚有預算餘額四十八萬一千元整。

　　（乙）臨時費：原列預算數為四億三千一百八十萬
元，動支第二預備金七千一百九十萬元，調整後預算數
為五億零三百七十萬元，經全數核簽，並無餘額。

（丙）生活補助費：原列預算數為三十八億四千九百五十五萬二千元，追加數六十二億六千一百四十八萬元，調整後預算數為一百零一億一千一百零三萬二千元，除核簽支付書數一百零一億零九百四十一萬五千八百四十元外，尚有預算餘額一百六十一萬六千一百六十元。

（丁）事業費：原列預算數為一千萬元，經全數核簽，並無餘額。

關於該主管經臨費類會計報告，大致已送齊全，經審核結果，除列有未兼主管職務人員支領特別辦公費四、五〇〇・〇〇元，已通知如數剔除外，其餘尚屬相符。

第二十款　善後救濟總署主管

（甲）經常費：原列預算數為五千七百一十八萬四千元，追加數二億一千七百八十四萬元，以前年度預算轉入數八千三百二十萬元，調整後預算數為三億五千八百二十二萬四千元，除核簽支付書數二億七千六百三十萬零一千元外，尚有預算餘額八千一百九十二萬三千元整。

（乙）臨時費：原列預算數為九千萬元，動支第二預備金三十一億五千七百二十萬零零五百元，追加數為二百五十四億二千七百九十九萬元，以前年度預算轉入數一千七百八十萬零零五百四十二元，調整後預算數為二百八十六億九千二百九十九萬一千零四十二元，除核簽支付書數三十九億九千零五十一萬四千七百九十五

元，及轉入下年度預算數一十三億六千八百九十九萬元
外，尚有預算餘額二百三十三億三千三百四十八萬六千
二百四十七元整。

（丙）生活補助費：原列預算數為三億三千六百六
十萬元，追加數一十億零六千二百零五萬元，調整後預
算數為一十三億九千八百六十五萬元，除核簽支付書數
七億五千七百七十萬零八千六百元，及轉入下年度預算
數六億四千零九十四萬一千四百元外，並無餘額。

（丁）善後救濟基金：原列預算數為二百八十七億
七千二百四十四萬二千元，以前年度預算轉入數四百四
十二萬七千五百八十八元，調整後預算數為二百八十九
億七千六百八十六萬九千五百八十八元，除核簽支付書
數二百七十三億一千二百二十七萬四千七百七十八元，
及轉入下年度預算數一十一億八千零三十二萬一千元
外，尚有預算餘額四億八千四百二十七萬三千八百一十
元整。

該總署及其所屬各單位經臨費會計報告，除經費類
會計報告送審外，其派駐各省市分署經費類，多未編報
送審，因該署各項臨時費及各分署之費用迄未編有核定
預算，而其開支費用來源均由聯總撥付，物資變賣移
用茲就該總署經費會計報告，審核結果計發現該總署於
經費內列支未兼主管職務人員之特別辦公費二五、五
〇〇‧〇〇元，私人煤炭費一九八、五〇〇‧〇〇元，
又抽查湖南分署之收支，內有會計制度，雖係一種特殊
規定，然內容尚欠健全，如未設置分錄日記簿與預算科
目暨備用款報銷單與概算明細表，以及備用款彙總報銷

單與概算表等，均未能配合，次如報銷單暨支出憑證與
賬冊，亦缺乏聯繫等項，皆使核對勾稽殊感不易。至於
各項費類賬冊紀錄數與表列數，匪特多有缺誤，且救濟
物資賬內之麵粉及罐頭食品兩部份，分戶賬數目與總分
類賬亦屬不符。又截至三十五年度十二月份止，計尚有
預算數一、二三五、二一二、九四八‧三〇元暨暫付款
三七六、七七一、三一五‧五二元，均未按時分別收回
沖轉，出納室截留一月份一部份應發未發之職員薪津
九五〇、〇〇〇‧〇〇元，庶務股每月代領一部份工
餉，以資墊付工友伙食及借支計領，得該項公款一五、
〇〇〇‧〇〇元，而其支付數目亦無賬冊可資查考，僅
憑所存條據為其臨時計算之根據，所有借支條據多係未
經主管負責人之批准，而由經辦人員逕行發付，以上
所述各點均屬於法不合，亦經分別通知剔除查詢或建議
改進。

　　善後救濟總署及所屬機關財物之稽察事務，經依法
辦理結果，善後救濟總署以借據抵充現金，財產明細賬
尚未設置，行政經費亦未隨時登賬，已予糾正，又該署
營繕工程及購置變賣財物開標驗收案件經本部派員監視
者，三十五年度計有十四起，共節省公帑五千七百一十
九萬九千一百元。

第二十一款　立法院主管

　　（甲）經常費：原列預算數為六千四百五十九萬
三千元，追加數三億三千七百零一萬七千五百元，調
整後預算數四億零一百六十一萬零五百元，經全數核

簽，並無餘額。

（乙）臨時費：原列預算數為一千四百六十八萬元，追加數九千萬元，調整後預算數一億○四百六十八萬元，經全數核簽，並無餘額。

（丙）生活補助費：原列預算數為三億一千六百三十九萬二千元，追加數一十四億零四百八十四萬元，調整後預算數為一十七億二千一百二十三萬二千元，經全數核簽，並無餘額。

其本年度會計報告截至三十六年八月底止，查經臨費殆已送審完竣，茲就送達部份審核結果，除該院七至十一月份經常費內列支宴席費共三百一十二萬元，核屬不當支出，經予悉數剔除外，大致尚無不合。關於生活補助費會計紀錄大部份尚未造送，其已送審部份核屬相符。

立法院財務之稽察事務經依法辦理結果，除現金出納及財產物品均未設置帳簿隨時登記，已通知注意外，餘尚屬相符。

第二十二款　司法院主管

（甲）經常費：原列預算數為六千零六十萬零六千元，動支第二預備金八百一十六萬二千二百二十元，追加數三億九千九百二十九萬三千元，調整後預算數為四億六千八百零六萬一千二百廿元，除核簽支付書數四億六千一百五十三萬四千六百六十元外，尚有預算餘額六百五十二萬六千五百六十元。

（乙）臨時費：原列預算數為一千四百九十五萬

八千元，動支第二預備金二千七百萬元，追加數八千一百九十九萬七千元，調整後預算數為一億二千三百九十五萬五千元，除核簽支付書數一億一千七百九十六萬四千七百零二元，及轉入下年度預算數五百九十九萬零二百九十八元外，並無餘額。

（丙）生活補助費：原列預算數為五億六千七百五十六萬六千元，追加數一十六億九千六百二十一萬元，調整後預算數為二十二億六千三百七十七萬六千元，經全數核簽，並無餘額。

本主管各單位經臨費會計報告，除最高法院及所屬未送審外，餘如司法院本身暨行政院及中央公務員懲戒委員會等三單位，俱已編送齊全，審核結果發現，司法院還都補助費及職員遣散費兩項內有支出事由欠明，經予查詢生活補助費會計紀錄，最高法院全未編送，其他各單位已全部送審，經核除間有應行補送查詢等事項，已予分別通知外，其餘大致尚無不合。

司法院及所屬機關財務之稽察事務，均經依法辦理，卅五年度計有監視營繕工程及購置變賣財物開標驗收案四十六起，共節省公帑一千七百九十六萬六千五百零一元五角。

第二十三款　考試院主管

（甲）經常費：原列預算數為八千七百四十九萬七千元，動支第二預備金三千四百一十四萬四千元，追加數四億八千九百三十四萬一千四百四十四元，追減數六百八十九萬七千元，調整後預算數為六億零四百零八

萬五千四百四十四元，除核簽支付書數六億零零零七萬二千三百五十八元外，尚有預算餘額四百零一萬三千零八十六元正。

（乙）臨時費：原列預算數為二億零八百八十六萬元，動支第二預備金七千五百五十萬元，追加數一十二億七千八百七十四萬五千六百五十元，調整後預算數一十五億六千三百一十萬零五千六百五十元，除核簽支付書數一十五億四千二百二十四萬零零五十元，及轉入下年度預算數一千六百八十萬元外，尚有預算餘額四百零六萬五千六百元正。

（丙）生活補助費：原列預算數為六億九千零七十八萬二千元，動支第二預備金三億七千九百二十四萬零四百元，追加數三十億零零三百二十八萬八千五百元，追減數七千四百四十五萬一千五百元，調整後預算數為三十九億九千八百八十五萬九千四百元，除核簽支付書數三十八億六千二百五十七萬六千三百三十四元，及轉入下年度預算數九千六百八十四萬七千九百二十元外，尚有預算餘額三千九百四十三萬五千一百四十六元正。

至該主管及其所屬各單位會計報告送審情形，僅考試院全部編送完竣，餘如銓敘部等單位俱祇編送一部份，尚有全未造送者，經就編送部份審核結果，大致尚鮮不合之處，祇考試院全年度經常費內計列報招待國民大會代表聚餐費四十四萬元，漏附支出憑證，暨十二月份臨時費報支著作獎金未支數五十五萬等項，均已分別通知剔除及補送在案。至該主管生活補助費會計紀錄，

多已編送蔵事並經予以存查。

考試院及所屬機關財務之稽察事務，均經依法辦理，三十五年度計有監視營繕工程及購置變賣財物開標驗收案四十一起，共節省公帑七百三十六萬六千四百二十元。

第二十四款　監察院主管

（甲）經常費：原列預算數為二億九千二百九十萬零二千元，動支第二預備金四千五百六十九萬零二百一十四元，追加數一十二億四千九百三十七萬零八百二十元，調整後預算數為一十五億八千七百九十六萬三千零三十四元，除核簽支付書數一十五億七千五百九十萬零二千零一十六元外，尚有預算餘額一千二百零六萬一千零一十八元正。

（乙）臨時費：原列預算數為五千四百一十八萬八千元，動支第二預備金九億四千六百六十三萬四千八百元，追加數二十一億八千七百零五萬六千二百三十元，調整後預算數為三十一億八千七百八十七萬九千零三十元，除核簽支付書數廿三億五千五百二十九萬一千三百七十二元，及轉入下年度預算數七億八千零七十七萬八千九百七十一元八角八分外，尚有預算餘額五千一百八十萬零八千六百八十六元一角二分。

（丙）生活補助費：原列預算數為一十六億八千五百四十一萬八千元，動支第二預備金三千一百一十九萬四千二百四十元，追加數六十億零四千六百六十一萬六千四百元，調整後預算數為七十七億六千三百二十二萬

八千六百四十元，除核簽支付書數七十七億六千二百一
十二萬零七百元外，尚有預算餘額一百一十萬零七千九
百四十元正。

　　至其各單位會計報告除各區監察使署送由各省審計
處審核外，尚有監察院本機關暨審計部本身及廣西省等
十六個審計處經臨費，均已報核完畢，其餘各單位亦大
部份編造送審。審核結果，監察院三月份以下各月經
常費或有薦任科員主管何部事務未經註明，或有漏送生
育補助費原始憑證，或有第一、二巡察團二至八月經費
列報照像費二千八百元，事由及用途未經註明，以及應
行補送領用跑鞋、短褲、軍服制服等蓋章清冊等情事，
均已分別通知查詢及補送。審計部經常費內有報支本部
俸薪未領數，及溢支數共六十萬零六千四百四十五元
八角暨其他修繕獎金、火爐、膳食補助費等項支出共
四百八十七萬九千二百十七元，核與規定不符。廣西省
審計處三月份經常費計漏送經費剩餘繳款，及列報職員
調任候船十九萬二千元暨復員費多報八萬五千元等項，
均有未合。安徽省審計處八月份經常費多報二十八元七
角，顯有未合。福建省審計處一、五、七，三月經費列
支慶祝元旦鞭炮費一千一百五十元，係屬不當之支出。
江蘇省審計處一、四兩月經常費列報來賓茶點費三萬
七千三百二十元。湖南省審計處一至三月份經常費列支
監交便餐費三萬元，均係不經濟之支出。甘肅省審計處
經常費列報歡宴大會份金一萬零七百一十元，顯與法令
之規定不符。西北鐵路審計辦事處經常費內列支招待費
及餐費共十二萬五千二百七十元，亦與法令規定不符，

以上各項均經分別通知剔除查詢及補送，或糾正在案。至各單位生活補助費之會計紀錄，除廣東、江蘇、重慶、西北、山東、西南及山西七個審計處僅部份送審外，其餘院部處等單位均已依法編報齊全，審核結果除監察院列支審計部三十四年度生活補助費漏附原始憑證，經已函知補送，及廣西省審計處列報蘇家強逾越年度生活補助費八百四十元，業予依法剔除外，其餘尚無不合。

　　監察院及所屬機關財務之稽察事務，均經依法辦理，三十五年度計有監視營繕工程及購置變賣財物開標驗收案四十六起，共節省公帑八萬元，又國庫總庫審計辦事處會計事務處理欠妥，預算外收入亦未解庫，已予糾正。

第二十五款　債務支出

　　（甲）經常費：原列預算數五百六十九億三千四百三十七萬四千元，動支第二預備金四十六億九千四百八十七萬八千九百零九元，追加數一千零二十三億九千二百零四萬八千九百零二元八角九分，以前年度預算轉入數二十億零零零零零六千元，調整後預算數為一千六百六十億零二千一百三十萬零七千八百一十一元八角九分，除核簽支付書數一千六百五十一億二千三百五十七萬八千三百四十二元外，尚有預算餘額八億九千七百七十二萬九千四百六十九元八角九分。

　　三十五年度對於各項公債還本抽籤，均經派員監視，綜其結果尚鮮不合。

第二十六款　公務員退休及撫卹支出

　　（甲）經常費：原列預算數為一億一千七百萬元，動支第二預備金五億四千一百零九萬元，追加數二十一億三千四百一十萬元，調整後預算數為二十七億九千二百一十九萬元，除核簽支付書數六億八千三百八十四萬零二百五十元，及轉入下年度預算數二十億零五千二百九十七萬六千七百九十六元外，尚有預算餘額五千五百三十七萬二千九百五十四元正。

第二十七款　補助支出

　　（甲）經常費：原列預算數為一億六千八百零二萬二千元，追加數二億七千八百四十七萬六千元，以前年度預算轉入數三千二百八十萬零零零零四元，調整後預算數為四億七千九百二十九萬八千零零四元，除核簽支付書數四億四千二百三十四萬三千零零四元外，尚有預算餘額三千六百九十五萬五千元正。

　　（乙）臨時費：原列預算數為三千一百八十萬元，動支第二預備金二十六億一千九百三十九萬二千二百零五元三角三分，追加數四百零二億九千四百零一萬二千九百七十三元八角一分，以前年度預算轉入數二億二千零二十三萬九千九百九十六元，調整後預算數為四百三十一億六千五百三十四萬五千一百七十五元一角四分，除核簽支付書數二十一億八千一百三十八萬零一百一十九元八角三分外，尚有預算餘額四百零九億八千三百九十六萬五千零五十五元三角一分。

第二目　省市支出

　　查本年度國家歲出總預算之省市支出，原預算數為二千五百零一億八千二百八十五萬二千元，由第二預備金撥付數四百四十二億九千六百六十萬零六千一百七十五元六角七分，經追加二千六百十五億九千八百一十四萬六千一百四十四元一角七分，追減五十六億一千一百一十八萬一千二百八十五元，又以前年度轉入數一十億零四千二百零八萬六千四百九十八元一角四分，調整後預算數五千五百一十五億零八百五十萬零九千五百三十二元九角八分，核簽數為四千六百三十八億六千五百零一萬八千二百八十二元八角，轉入下年度預算數五十億零三千八百六十萬零三千八百二十五元五角，尚有預算餘額八百二十六億零四百八十八萬七千四百二十四元六角八分，上項追加數係包括各項追加及省市補助費暨以前年度歲出改作本年度追加數，原以財政收支系統改制後，中央與地方財政劃分自七月份起，各省市均追減預算之半數，並各分別追加省市補助費，又追減數係原預算暨各項追加數加減相抵後之實際追減數。

　　至本支出之事後審計，除本年下半年度財政收支系統改制，另章敘述外，上半年度為國家總預算之一環，依據部處本年度上半年度審核各機關歲出類會計報告之結果，經整理彙計，各省市支出送審計算數共七十二億八千九百零一萬二千四百一十八元，內列確定剔除數五百七十八萬五千八百五十七元，決定核准數或存查數二十三億六千七百零四萬二千二百二十二元，未結案之審核數四十九億一千六百一十八萬四千三百七十

九元，所有各該省市支出之審核情形分別摘陳於次。

第一款　四川省

本年度四川省經常、臨時、生活補助各費預算數，原列一百二十九億三千二百八十一萬五千元，動支第二預備金七億九千零三十二萬七千六百九十元，經追加一百五十三億三千九百九十六萬四千元，追減三十二億七千七百八十五萬七千元，以前年度預算轉入數二千三百四十二萬九千七百七十五元五角，調整後預算數二百五十八億零八百六十七萬九千四百六十五元五角，核簽數為二百四十三億八千一百五十九萬五千五百五十四元四角四分，並無轉入下年度預算數，計尚有餘額一十四億二千七百零八萬三千九百一十一元零六分。

本部四川省審計處核簽上半年度撥款書，計經常門常時部份十三億八千一百八十三萬二千三百五十元零八角五分，臨時部份一百八十三億六千一百一十二萬七千一百九十八元九角九分。

至本年度各省級機關會計報告多已依法送審，審核結果除經濟建設支出內有不合規定決予剔除外，其餘各項支出大致尚屬相符，均予核准在案。

第二款　西康省

本年度西康省經常、臨時、生活補助各費預算，原列三十億零五千一百三十三萬六千元，動支第二預備金四億一千八百一十二萬一千二百六十四元，經追加五十四億零九百四十三萬五千零五十元，以前年度預算轉入

數四百一十二萬四千五百三十五元，調整後預算數八十八億八千三百零一萬七千三百四十九元，核簽數七十五億七千四百零五萬九千八百一十五元，並無轉入下年度預算數，計尚有餘額一十三億零八百九十五萬七千五百三十四元。

第三款　雲南省

本年度雲南省經常、臨時、生活補助各費預算，原列五十四億六千六百七十三萬七千元，動支第二預備金十七億三千六百四十三萬二千五百十六元，經追加七十六億四千三百五十一萬四千元，追減五億六千四百七十三萬二千元，以前年度預算轉入數一億零六百七十九萬七千七百〇五元，調整後預算數一百四十三億八千八百七十四萬九千二百廿一元，核簽數一百四十億零四千六百一十二萬八千四百五十八元，並無轉入下年度移算數，計尚有餘額三億四千二百六十二萬零七百六十三元。

第四款　貴州省

本年度貴州省經常、臨時、生活補助各費預算，原為四十九億六千〇十九萬三千元，動支第二預備金四千九百七十一萬零五百九十元，經追加五十七億八千三百八十一萬八千三百廿六元四角五分，追減七億八千八百八十四萬八千五百元，以前年度預算轉入數四億九千三百九十九萬三千三百〇四元〇七分，調整預算數一百〇四億九千八百八十六萬六千七百廿五元五角二分，核簽數八十六億二千〇四十七萬四千四百五十二元二角四

分，轉入下年度預算數五億八千三百萬元，計尚有預算餘額一十二億九千五百三十九萬二千二百七十三元二角八分。

本部貴州省審計處核簽上半年度撥款書，計經常門計一億七千四百九十七萬五千九百四十八元五角，臨時門二十六億六千八百二十四萬零四百四十七元二角，事業歲出五萬元。

該省省級各機關會計報告，大致均已送齊，經核結果，計：（一）教育文化支出內有教育費超越預算，浮報辦公費及學生膳食費。（二）衛生及治療支出列報職員俸薪漏蓋私章，匯款手續費單據未註明用途，及員工值班費營養費。（三）生活補助費列支教職員俸薪，加成數較規定支給標準為高，重複列支職員尾薪加成數等情事，均已分別予以查詢剔除補送或糾正。

第五款　陝西省

本年度陝西省經常、臨時、生活補助各費預算，原為六十二億九千零五十三萬九千元，動支第二預備金十億零六千二百五十三萬八千七百元，經追加一百廿億零一千九百五十八萬零六百五十九元五角，無追減數，以前年度預算轉入數三千六百零三千四百廿八元二角八分，預算調整數一百九十四億零八百六十六萬一千七百八十七元七角八分，核簽數一百六十八億六千二百八十萬零七千一百零七元七角八分，轉入下年度預算數六億四千八百六十九萬九千三百卅三元五角，計尚有餘額十八億九千七百十五萬五千三百四十六元五角。

　　該省省級各機關經臨費會計報告多已送審，審核結果，計統計室、省參議會兩單位未能依照預算編報，已發還重編，迄未重編送審，次如財政廳三十五年度一至六月份經臨費會計報告，因編報不合規定，經予發還，亦迄未更造送審，均在函催中，又黃龍墾區衛生院暨農業改進所臨時費，均無支出法案，至安康水文站報表不合規定，及第十區專員公署兼保安司令部所報一至六月份生活補助費清冊與會計紀錄列數不符等情事，均已分別予以發還糾正或查詢。

第六款　甘肅省

　　本年度甘肅省經常、臨時、生活補助各費預算，原為四十一億二千一百八十五萬五千元，動支第二預備金三億五千一百十一萬七千六百元，經追加七十六億八千五百十九萬七千二百八十二元九角二分，以前年度預算轉入數三百八十八萬五千○四十五元，調整後預算數一百廿一億六千二百○五萬四千九百廿七元九角二分，核簽數一百○六億九千一百四十四萬六千五百八十六元，轉入下年度預算數五億三千四百萬○○八百元，計尚有預算餘額九億三千六百六十萬○七千五百四十一元九角二分。

　　至本年度上半年度該省省級各機關會計報告，已送審部份，經核結果，計有民政廳各區專署、地政局、衛生處、各衛生院暨衛生材料廠等單位超支預算。臨夏中學列報兼職兼薪，臨洮、張掖、靖遠等縣師範學校元月份生活補助費報表編造不合規定，及蘭州中學、蘭州師

範之復員費會計報告內有未依法辦理稽察程序等情事，
均已分別予以剔除查詢或糾正。

第七款　湖南省

　　本年度湖南省經常、臨時、生活補助各費預算，原
為廿二億一千七百九十三萬五千元，動支第二預備金
十億零五千一百四十一萬八千二百五十八元，經追加一
百五十五億五千二百卅九萬八千零六十六元六角九分，以
前年度預算轉入數一千二百八十萬零六千八百十元一角
四分，調整後預算數二百卅八億三千四百五十五萬八千
六百廿八元八角三分，核簽數二百一十七億七千九百十
一萬四千五百四十七元零五分，計尚有餘額二十億零五
千五百四十四萬四千零八十一元七角八分。

　　本部湖南省審計處核簽上半年度撥款書經常門二十
億零四千三百六十三萬二千八百四十元，臨時門六十六
億零一百七十一萬一千零八十元零二角。

　　查該省省級機關在三十五年七月份以前，財政收支
系統尚未改訂，其支出仍屬於國家預算之範圍，故本處
審核省級各機關之會計報告，將本年度上半年之部份列
入國家歲出。綜合審核結果，除行政支出一項內有浮報
員額之薪津暨逾限仍未補送主要憑證，及預算超支無法
案依據等情事，均已予以剔除或更正外，其餘如經濟及
建設支出等八項，大致尚無不合者，亦已分別予以核准
及存查在案。

第八款　廣西省

　　本年度廣西省經常、臨時、生活補助各費預算，原為六十一億五千六百七十九萬二千元，動支第二預備金二億六千四百五十八萬九千二百一十三元，經追加一百二十九億二千四百四十六萬八千三百一十三元，以前年度預算轉入數一千七百六十四萬六千四百二十九元七角，調整後預算數一百九十三億六千三百四十九萬五千九百五十五元七角，本部核簽數一百六十五億一千五百七十二萬二千八百廿四元五角，轉入下年度預算數一十三億二千一百十六萬零五百五十七元，計尚有餘額一十五億二千六百六十一萬二千五百七十四元二角。

　　本部廣西省審計處核簽上半年度撥款書二億零三千三百九十七萬四百一十四元，臨時門四十二億一千零一十三萬三千八百七十五元五角六分，事業歲出二千一百六十三萬六千九百三十元。

　　該省省級各機關經臨費會計報告結果，發現多數機關經費因物價頻頻上漲以致入不敷支，有將未經奉准之生活補助費節餘先行挪墊抵補，或流用預算之剩餘款項，或跨年度列報薪津，或列報非本機關職員出差旅費，或墊借分機關職員之薪俸等情事，核有未合，均已予查詢剔除補送或糾正。

第九款　廣東省

　　本年度廣東省經常、臨時、生活補助各費預算，原為七十六億八千一百三十四萬元，動支第二預備金八億四千八百三十四萬零五百四十元六角七分，經追加一百

一十五億三千零廿四萬六千六百一十元六角九分，以前
年度預算轉入數一億二千七百二十七萬三千三百九十元
三角，調整後預算數二百零一億八千七百二十萬零五百
四十一元六角六分，本部核簽數一百七十六億五千八百
二十三萬七千三百二十八元五角一分，轉入下年度預算
數三百九十二萬三千八百一十元，計尚有餘額二十五億
二千五百零三萬九千四百零三元一角五分。

第十款　福建省

　　本年度福建省經常、臨時、生活補助各費預算，原
為六十一億六千四百九十八萬八千元，動支第二預備金
五億二千零五十一萬二千九百五十五元，經追加八十五
億九千三百九十八萬四千〇七十元五角三分，以前年度
預算轉入數三千八百四十五萬八千六百卅七元八角二
分，調整後預算數一百五十三億一千七百九十四萬
三千六百六十三元三角五分，本部核簽數一百四十億零
六千五百八十五萬九千六百廿七元八角二分，計尚有餘
額十二億五千二百零八萬四千零卅五元五角三分。

　　該省省級機關上半年度經臨費會計報告多已送審，
經核尚能依照規定編報，內以建、財兩廳編送最佳，並
將審核結果隨時通知送審機關，惟間有少數機關，因財
政改制後國庫、省庫混淆莫辨，致需往返查詢，未能結
案，其有不符者則予剔除。至審核結果與法令不合而經
予剔除者，如教育廳主管等單位，多有不當支出暨偽造
或塗改單據等情事，至於各機關所送報表是否符合實
際，經依法為實地之抽查結果，發現內有應行處分糾

正收回及注意等事項，亦均已函知省府轉飭從速依法
辦理。

第十一款　江西省

　　本年度江西省經常、臨時、生活補助各費預算，原
為六十九億二千五百四十七萬七千元，動支第二預備金
一億三千七百廿八萬二千九百八十八元，經追加九十二
億六千八百五十一萬六千五百九十八元六角三分，以前
年度預算轉入數一千六百八十一萬三千七百廿三元二角
三分，調整後預算數一百六十三億四千八百〇九萬〇三
百〇九元八角六分，本部核簽數為一百四十七億〇
六百九十五萬七千五百廿五元九角七分，計尚有預算餘
額十六億四千一百十三萬二千七百八十三元八角九分。

第十二款　浙江省

　　本年度浙江省經常、臨時、生活補助未分配數各費
預算，原為六十三億八千六百〇七萬五千元，動支第二
預備金八億六千〇廿二萬九千二百六十五元，經追加一
百零四億九千六百十四萬七千六百九十九元五角六分，
以前年度預算轉入數二千五百六十七萬八千九百廿六元
九角，調整後預算數一百七十七億六千八百十三萬零
八百九十一元四角六分，本部核簽數一百六十五億八千
三百卅四萬七千五百零二元九角，計尚有餘額十一億八
千四百七十八萬三千三百八十八元五角六分。

　　本部浙江省審計處核簽上半年度撥款書，計經常門
七億一千六百二十萬三千三百三十一元五角四分，臨時

門一百零七億七千八百二十九萬四千二百三十二元七角九分，事業歲出七百七十一萬三千元。

　　該省本年度上半年度各機關送審會計報告，均已隨到隨辦，計截至三十年度六月底止共審核省級機關各項經費暨公糧，均已分別依法予以核准或剔除在案。至審核決算報告，以該省單位決算自三十一年度之後因該省接近前線，迭遭敵偽竄擾，各機關屢經播遷，案卷簿籍分散各地迄未編報，迨復員後嚴予催告後，各機關已將三十一、三十二年度省級歲出單位決算編造送審，並已依法審核完竣，此外復收到嘉興等縣三十一至三十四年度總決算六十一件，惟因會計報告不齊，暫予存查。

第十三款　安徽省

　　本年度安徽省經常、臨時、生活補助未分配數各費預算，原為五十五億八千七百卅六萬四千元，動支第二預備金一十九億六千八百七十二萬一千五百七十九元，復經追加五十億零零二百一十八萬九千四百六十元，以前年度預算轉入數九百一十三萬九千七百六十二元四角四分，調整後預算數一百二十五億六千七百四十一萬四千八百零一元四角四分，本部核簽數一百十五億五千七百一十二萬四千三百八十五元四角四分，計尚有餘額一十億零一千零二十九萬零四百一十六元。

　　本部安徽省審計處核簽上半年度撥款書，常時部份一十七億四千三百七十六萬八千八百三十四元，臨時部份五十億零八千零九十六萬三千一百六十九元，事業歲出三十萬。

　　該省省級各機關財務支出會計報告，尚能按期送審，惟審核結果發現報支內容多有未能盡合規定，例如：（一）皖幹團教職員既於該省第二區專署分別支領薪津有案，復於該團重支薪津，次如若干機關所送經常費報表內有因公出差人員俸薪證明冊，僅由會計人員蓋章代領，於法未合。（二）若干機關臨時支出間有由員工生活補助費項下動支。（三）若干機關報表內容及單據不符規定，或數字錯誤等情事，核有未合，均已分別予以查詢剔除補送或糾正。至於教育文化支出內有以前年度無預算部份之各類費用會計報告，均予存查。

第十四款　江蘇省

　　本年度江蘇省經常、臨時、生活補助未分配數各費預算，原為六十四億二千五百六十萬元，動支第二預備金五億六千七百五十四萬八千三百七十四元，經追加九十億零三千五百八十七萬零五百九十七元，以前年度預算轉入數一千四百四十二萬九千二百九十六元四角，調整後預算數一百六十億零四千三百四十四萬八千二百六十七元四角，本部核簽數一百四十七億八千三百八十萬零二千六百九十八元四角，計尚有餘額一十二億五千九百六十四萬五千五百六十九元。

　　本部江蘇省審計處，核簽上半年度撥款書計經常門三億六千四百八十四萬八千六百二十七元，臨時費二十二億二千二百六十九萬七千零五十二元。

　　至該省三十五年度上半年各機關會計報告已送審者，均經依法審核藏事，除間有超支及不經濟支出均

予剔除外，其餘大致尚無不合，並已分別填發核准通知在案。

第十五款　湖北省

本年度湖北省經常、臨時、生活補助未分配數各費預算，原為六十六億五千一百六十七萬二千元，動支第二預備金一十六億八千六百三十九萬三千八百元，經追加九十二億二千二百六十九萬七千五百元，以前年度預算轉入數一千四百八十三萬五千九百三十三元五角一分，調整後預算數一百八十億零八千零五十九萬九千二百三十三元五角一分，本部核簽數一百六十四億零七百零一萬一千六百一十二元五角一分，轉入下年度預算數八億五千四百一十一萬九千元，計尚有餘額八億一千九百四十六萬八千六百二十一元。

本部湖北省審計處核簽上半年度常時部份五十二億一千四百六十六萬零四百六十八元五角一分，臨時部份二百零八億五千四百四十二萬四千八百元，特殊門一千五百萬元。

該省省級各機關歲出類會計報告，計分行政、教育、文化、經建、社會、救濟、衛生治療、財務、保安、公糧、生活補助費及復員費等項，經核結果均有超支及不當或不法等情事，均已分別予以剔除或糾正。

第十六款　河南省

本年度河南省經常、臨時、生活補助各費暨未分配數預算，原為五十八億五千八百六十八萬五千元，動支

第二預備金三十三億零一百五十三萬一千二百四十四元，經追加一百二十一億零八百九十六萬二千八百八十四元，以前年度預算轉入數二千五百萬元，調整後預算數二百一十二億九千四百一十七萬九千一百二十八元，本部核簽數一百九十六億二千二百九十九萬五千四百六十二元七角五分，計尚有預算餘額一十六億七千一百一十八萬三千六百六十五元二角五分。

本部河南省審計處核簽上半年度撥款書，常時部份八億七千一百零九萬七千二百八十九元二角，臨時門一百零零九千三百五十六萬一千三百三十九元八角七分，特殊門三十三萬九千零零八元。

該省上半年度會計報告之審核情形，計省級各機關經臨費內有計算數超出預算數，或偽造塗改重報之單據，以及開支宴席費、油印名章或不經濟之支出等情事，均已依法予以剔除。至於憑證雖有殘缺，然已報處有案者亦予存查，其餘大致尚無不合，一律分別填發核准通知在案。

第十七款　山東省

本年度山東省經常、臨時、生活補助各費暨未分配數預算，原為五十九億零五百一十一萬元，動支第二預備金一十八億二千八百零二萬一千零八十二元，經追加一百七十一億一千九百二十二萬五千二百六十四元，並無追減及以前年度預算轉入數，調整後預算數為二百四十八億五千二百三十五萬六千三百四十六元，本部核簽數二百二十九億九千八百四十二萬二千六百二十六元，

轉入下年度預算數九億八千七百二十萬零零三百二十五
元，計尚有預算餘額八億六千六百七十三萬三千三百
九十五元。

第十八款　河北省

本年度河北省經常、臨時、生活補助各費暨未分配
數預算，原為五十八億六千零五十四萬三千元，動支第
二預備金一十七億一千七百二十四萬六千一百九十六
元，經追加一百零七億三千二百九十五萬零四百三十七
元，以前年度預算轉入數八萬二千三百九十六元二角五
分，調整後預算數一百八十三億一千零八十二萬二千零
二十九元二角五分，本部核簽數一百七十二億三千二百
七十三萬七千四百三十二元二角五分，計尚有預算餘額
一十億零七千八百零八萬四千五百九十七元。

第十九款　山西省

本年度山西省經常、臨時、生活補助各費暨未分配
數預算，原為四十九億三千七百七十三萬一千元，動支
第二預備金四十一億八千九百七十二萬三千七百元，經
追加一百五十億零七千五百三十八萬五千八百一十四
元，並無追減及以前年度預算轉入數，調整後預算數
二百四十二億零二百八十四萬零五百一十四元，本部核
簽數二百三十一億零四百四十五萬六千元，計尚有預算
餘額一十億零九千八百三十八萬四千五百一十四元。

該處成立未久，且該省情形又屬特殊，所有單據類
多殘缺或遺失，以致各機關各項費類會計報告難以依法

編報，審核工作諸多窒礙，均經分別糾正。

第二十款　綏遠省

　　本年度綏遠省經常、臨時、生活補助各費暨未分配數預算，原為二十一億六千七百七十一萬六千元，動支第二預備金二十億零零二百七十九萬元，經追加四十九億零九百五十四萬九千二百五十二元，以前年度預算轉入數八百五十八萬二千九百四十四元六角，調整後預算數九十億零二千八百六十三萬八千一百九十六元六角，本部核簽數八十億零六千七百八十五萬二千五百七十八元六角，計有餘額九億六千零七十八萬五千六百一十八元。

第二十一款　察哈爾省

　　本年度察哈爾省經常、臨時、生活補助各費暨未分配數預算，原為一十三億四千五百一十三萬元，動支第二預備金一十四億五千五百萬元，經追加四十五億六千四百五十二萬二千元，追減二億九千七百三十五萬二千元，調整後預算數七十億零六千七百三十萬元，本部核簽數五十八億一千一百二十六萬八千七百元，計尚有餘額一十二億五千六百零三萬一千三百元。

第二十二款　寧夏省

　　本年度寧夏省經常、臨時、生活補助各費暨未分配數預算，原為一十六億三千四百零二萬二千元，動支第二預備金八億一千一百九十七萬九千七百五十元，經追

加三十九億六千七百二十一萬二千五百八十元二角三
分，以前年度預算轉入數五千九百五十八萬八千元，調
整後預算數六十四億七千二百八十萬零二千三百三十元
二角三分，本部核簽數四十九億五千八百九十五萬四千
二百七十六元，計尚餘預算餘額一十五億一千三百八十
四萬八千零五十四元二角三分。

第二十三款　青海省

　　本年度青海省經常、臨時、生活補助各費暨未分配
數預算，原為一十億零零三百一十四萬一千元，動支第
二預備金二千五百六十二萬二千九百元，經追加二十八
億六千七百三十萬零七千二百，以前年度預算轉入數
一十四萬五千六百元，調整後預算數三十八億九千六百
二十一萬六千七百元，本部核簽數三十五億四千九百二
十四萬四千七百五十三元，計尚有預算餘額三億四千六
百九十七萬一千九百四十七元。

第二十四款　重慶市

　　本年度重慶市經常、臨時、生活補助各費暨未分配
數預算，原為二十六億零七百萬元，動支第二預備金
一十二億六千四百七十九萬六千三百二十七元，經追加
三十七億九千三百六十萬零九千七百零二元，追減九千
六百六十九萬一千四百元，以前年度預算轉入數三百三
十七萬零八百五十四元，調整後預算數七十五億七千二
百零八萬五千四百八十三元，本部核簽數七十五萬七千
二百零八萬五千四百八十三元，已無餘額。

　　至該市各機關原屬國家支出部份，因未隨同財政收支系統改制予以劃分，故所送會計報告仍多混合編報，且該處於三十五年四月初方行成立，故該上半年度部份送審金額除依法分別辦理外，其審核情形大致如下：（一）臨時支出特多，尤以秘書處為甚，對於預算未能嚴格執行。（二）經費超支，如地政局經費已予剔除。（三）編報稽延為各機關通弊，甚至有延壓至兩三年以上者，對於此等情形迭經催告，並通知注意。（四）結餘款項延不繳庫，各機關經費以往多以直字支付書具領款項自行保管，如有結餘則延不繳庫，其有歲入者亦均挪移墊借久不清結，均已隨時通知應按照規定辦理。

第二十五款　南京市

　　本年度南京市以上年度未列預算，國家總預算所列預算僅係按實際情形暫列未分配數，而待將來覈實分配，以下上海、天津、北平、青島各市及熱河省情形均同，查該市未分配數預算原為二十七億四千五百零零七千元，嗣動支第二預備金四十六億四千六百六十三萬九千七百五十八元，復經追加二十九億九千四百三十三萬六千八百六十六元九角七分，又追減五億八千五百七十萬零零三百八十五元，調整後預算數九十八億零零二十八萬三千二百三十九元九角七分，轉入下年度預算數一億零六百五十萬元，已無餘額。

　　南京市所屬各機關經臨費，其屬國家部份之會計報告多能如期送審，依法審核結果，計有教育局社會教育費列報贈送禮品費、香烟、瓜子費暨國民教育實驗區開

辦費列支廣柑費，會計處經費跨越年度列報，地政局列報順風汽車未附合法之驗收證明文件，工務局經費超越預算列報及工程總隊生活補助費缺附清冊等情事，均已分別予以查詢剔除糾正或補送。

第二十六款　上海市

本年度上海市未分配數預算，原為四十三億一千九百零九萬四千元，嗣動支第二預備金一十三億三千五百八十五萬八千二百元，復經追加五十一億二千六百七十八萬三千元，調整後預算數一百零七億八千一百七十三萬五千七百元，本部核簽數一百零七億八千一百七十三萬五千七百元，已無餘額。

第二十七款　天津市

本年度天津市未分配數預算，原為一十八億三千二百三十六萬六千元，嗣動支第二預備金二十六億二千八百四十五萬三千零一十元，復經追加八十七億零六百二十七萬零五百三十六元，調整後預算數一百三十一億六千七百零八萬九千五百四十六元，本部核簽數一百廿九億九千零零八萬零零零四元，計尚有預算餘額一億七千七百零零九千五百四十二元。

第二十八款　北平市

本年度北平市未分配數二十一億七千八百五十五萬九千元，嗣動支第二預備金四十一億八千九百二十二萬二千五百六十元，復經追加一百一十一億二千六百四十

四萬五千九百四十元，並無追減及以前年度預算轉入數，是調整後預算數為一百七十四億九千四百七十七萬七千五百元，本部核簽數為一百五十二億二千零五十六萬二千八百八十九元六角七分，計尚有預算餘額二十二億七千四百二十一萬四千六百一十三元三角三分。

第二十九款　青島市

本年度青島市未分配預算，原為一十億零零五百二十萬零三千元，嗣動支第二預備金一十二億一千六百五十八萬四千元，復經追加五十七億一千七百四十二萬七千四百三十九元，調整後預算數七十九億三千九百二十一萬四千四百三十九元，本部核簽數六十六億九千零八十四萬三千元，計尚有餘額一十二億四千八百三十七萬一千四百三十九元。

第三十款　熱河省

本年度熱河省未分配數預算，原為一十六億三千九百九十六萬二千元，嗣動支第二預備金一十三億六千九百三十三萬零六百一十一元，復經追加六十七億七千五百一十二萬九千元，並無追減及以前年度預算轉入數，是調整後預算為九十七億八千四百三十九萬一千六百一十一元，本部核簽數八十四億二千七百四十七萬零一百一十一元，計尚有預算餘額一十三億五千六百九十二萬一千五百元。

第三十一款　各省市待分配數

本年度省市待分配數預算為一百一十二億元，均經分別核撥各省市不敷之保警士兵餉項、醫藥喪葬費等，計全年度本部核簽該項預算數九十二億七千七百零五萬四千二百元，尚剩餘額一十九億二千二百九十四萬五千八百元。

第三十二款　縣市建設費

本年度省市縣市建設費預算為六十億元，均由國府授權行政院核定分配，各省市為各項建築工程修理費、新辦工廠資金等之用途，本部核簽該項預算五十九億九千五百六十九萬九千三百元外，計尚剩餘額四百三十萬零零七百元。

第三十三款　分配縣市國稅

本年度省市分配縣市國稅預算為七百億零零九千八百八十一萬七千元，均由行政院核定分配各省市支用，計全年度本部核簽該項預算二百五十八億五千七百七十八萬三千元，尚有餘額四百四十二億四千一百零三萬四千元。

第三十四款　補償免賦縣市田賦附徵三成

本年度省市補償免賦縣市田賦附徵三成，預算為二百一十八億八千四百零四萬八千元，均由行政院核定分配免賦省市之縣市，計本部全年度核簽該項預算一百九十七億七千八百二十九萬九千五百元，尚有餘額

二十一億零五百七十萬八千五百元。

第三目 復員支出

三十五年度當勝利之後，復員工作至為繁重，故此項支出費用在國家歲出總預算臨時費內亦佔鉅數，原列一千八百億元，經追加四百二十八億七千九百三十四萬六千六百四十一元六角，調整後預算數共為二千二百二十八億七千九百三十四萬六千六百四十一元六角，經核簽支付書數二千一百九十八億一千二百一十二萬四千五百五十六元零九分，又轉入下年度預算數一百四十九億八千八百五十三萬一千一百四十八元五角一分，除國立學校復員費尚有餘額五萬七千萬外，仍超支一百一十九億二千一百三十六萬六千零六十三元，待彙辦追加中。

至復員支出之審核，統計各機關支出復員費，其會計報告之內容多屬旅運費、修建費及設備費三類，審核方法與一般經費類會計報告大致相同，除本年度各復員費送審金額已見前統計表外，茲將其審核情形摘述如次。

各機關復員經費數額龐大，經本部及各省審計處分別派員稽察，結果除間有少數機關未能悉按規定辦理已予糾正外，大致尚屬相符。

第一款 中央機關及事業復員費

原列預算數為七百億元，經追加四億三千四百七十六萬三千一百零一元，調整後預算數為七百零四億三千四百七十六萬三千一百零一元，除核簽支付書七百零

四億零零一十五萬三千零九十九元九角九分，及轉入下
年度預算數三千四百六十一萬零零一元零一分外，並無
預算餘額。

　　中央機關及事業機關復員費，僅有少數單位送審，
其大多數單位均未編造，審核結果，內有農林部列報招
待外賓費，原因未明，無付款機關名稱之英文打字機
二七〇、〇〇〇・〇〇元，服裝費四〇〇、〇〇〇・
〇〇元，及流用廠房建築費七、一七〇、〇二二・〇〇
元等項。林業實驗所缺附還都木船損失清單及當地公務
機關證明文件。農業實驗所列支遂寧至北碚包船費，
未註明用途。經濟動員策進會列報還都人員聚餐費
五二三、八〇〇・〇〇元。廣西省審計處列報不當支出
八五、〇〇〇・〇〇元。僑務委員會未將還都經費、還
都補助費及遣散費，按分配預算編送而僅以混合列報，
核有未合。醫療防疫總隊及各大隊復員修繕租賃費，所
送單據漏填支出年度等情事，均有未合，已依法分別通
知剔除查詢或補送糾正在案。

第二款　中央公務員還都補助費

　　原列預算數為二百億元，無預算調整數，除核簽支
付書數一百一十八億七千四百七十一萬八千六百一十一
元五角，及轉入下年度預算數八十一億二千五百二十八
萬一千三百八十八元五角外，並無預算餘額。

　　中央各機關公務員還都補助費，除地政署、立法
院、司法院、銓敘部、善後救濟總署、外交部、蒙藏委
員會、僑務委員會、教育部、交通部等機關均未送審

外，其餘各機關均將該項費類會計報告送部，經核結果，計農林部還都補助費內列報薦任秘書陸鼎升還都補助費業經收領，又附補發單據一紙，是項補助費領據與清冊所蓋之章亦不相符。中央畜牧實驗所還都補助費預算數曾否呈奉核准有案。液體燃料管理委員會還都補助費實付數超越分配數，而流用其他款項計六五四、〇〇〇元。衛生署衛生實驗院衛生專門講習班還都補助費內有三〇〇、〇〇〇元，缺附領款人正式收據等情事，核與規定不符，均通知剔除查詢或補送。

第三款　各國立學校復員費

原列預算數為六百億元，經追加四百二十四億四千四百五十八萬三千五百四十元零六角，調整後預算數為一千零二十四億四千四百五十八萬三千五百四十元零六角，除核簽支付書數一千零二十四億四千四百五十二萬六千五百四十元零六角外，尚有預算餘額五萬七千元。

各國立學校復員費大致均已送審，審核結果發現國立女子中學列報教職員旁系家屬七十一人，旅費七、七五八、五九六・〇〇元，廣西大學第十期礦冶館、電工館，及各館加溝瓦工程費，及購置電燈材料費等，既未通知監驗又於約外增加價款，未經核准及作正報銷等項，均屬不符，業經分別通知剔除查詢或糾正。

第四款　各省市復員費

原列預算數為二百億元，無預算調整數，經核簽支付書三百一十九億二千一百三十六萬六千零六十三

元，所有超支數一百一十九億二千一百三十六萬六千零六十三元，尚待彙辦追加。

各省市復員費之審核概歸各省市審計處辦理，彙集具報，除江蘇、河南、湖北、湖南、福建等省經核大致尚符外，惟廣西省復員費審核結果，發現各學校多以三十五年度復員費彌補三十四年度之超支數，影響所及，匪特有先期支用之嫌，且失設立年度預算之立法原旨，又第四區行政督察專員公署，於復員費內列報行政保安會議費一○六、一九五．○○元，警察訓練所列報外派人員薪津二三九、○○二．五○元，柳州警察局列支職員出差旅費三六七、七五○．○○元，及省地方行政幹部訓練團報支文具消耗等費一、六八一、一五五．七○元，已分別予以剔除。

第五款　日僑給養費

原列預算數為一百億元，無預算調整數，除核簽支付書數三十一億七千一百三十六萬零二百四十一元，及轉入下年度預算數六十八億二千八百六十三萬九千七百五十九元外，並無預算餘額。

第三章　自治財政歲入歲出概況

　　查省縣地方既屬自治單位，又為憲政基礎，茲值財政收支恢復三級制之際，勢須以省縣地方之財力辦理省縣地之事業，藉副取之於民用之於民之旨。今後財務之監督較以往尤為繁重，故本部近年對於自治財政收支之事後審計，除飭由各省市審計處依法審核省縣會計報告外，並以擴展縣財務之抽查列為各該處之中心工作，以符新審計法之精神而適應新時代之急切需要。自各省審計機關成立以來，對於自治財政制度之健全，與協助自治工作之推進，均頗著成效。至本年度省縣財物之抽查完竣，報部覆核者共有一百八十六單位，除將審核與抽查情形分別於以下各該省市一節摘述外，茲就審核各省縣財務收支之數字整理，計省地方財政之歲入計算數為三十一億七千二百九十九萬四千九百九十五元，內核准數為一億六千五百四十九萬五千九百零九元，至其歲出計算數共二百二十六億零一百二十七萬九千九百二十四元，內分別除數五千八百四十萬零三百三十九元，核准及存查數共一百四十九億三千九百九十七萬七千一百零八元，審核數七十六億零二百九十萬二千四百七十七元，又查縣地方財政之歲入計算數總共二十三億八千六百三十九萬八千八百八十二元，內計核准數三千一百四十四萬四千五百七十二元，存查數二十三億五千四百九

十五萬四千三百一十元，歲出計算數七十三億九千三百
六十八萬二千五百四十二元，內計剔除數四千五百零五
萬七千零八十二元，核准及存查數五十八億四千八百一
十四萬六千四百三十六元，審核數一十五億零四十七萬
九千零六十四元，附統計表於次。

各省市審計處審核三十五年下半年省市地方財政歲入統計表（單位：國幣元）

省市別	計算數	核准數	存查數
江蘇省	394,720	201,405	193,315
江西省	2,058,539		2,058,539
湖南省	224,625,650		224,625,650
四川省	76,539,344	76,539,344	
福建省	860,299	860,299	
廣西省	94,725	94,725	
甘肅省	105,354,494		105,354,494
上海市	573,343,438		573,343,438
重慶市	2,189,723,786	87,800,136	2,201,923,650
總計	3,172,994,995	165,495,909	3,007,499,086

各省市審計處審核三十五年下半年省市地方財政歲出統計表（單位：國幣元）

省市別	計算數	剔除數	核准數及存查數	審核數
江蘇省	233,510,644	218,552	202,747,329	30,544,963
浙江省	3,659,851,512	22,833,446	3,637,018,066	
安徽省	1,296,701,774	23,310	1,296,678,464	
江西省	508,853,118	16,738	507,438,450	1,397,930
湖北省	1,353,533,912	4,329,275	1,348,125,793	1,078,844
湖南省	3,761,074,305	17,007,899	2,734,653,190	1,009,413,216
四川省	854,487,600	34,188	854,453,412	
福建省	2,390,469,141	12,854,168	225,268,609	2,152,346,364
廣東省	252,907,752		204,721,261	48,186,491
廣西省	394,502		394,502	
雲南省	1,507,084,879	1,029,643	1,125,108,002	380,947,234
貴州省	869,135,573	48,630	819,552,155	49,534,788
河南省	139,387,883		139,387,883	
陝西省	13,273,106		13,273,106	
甘肅省	794,021,489	90	794,021,399	
上海市	3,876,368,584			3,876,368,584
重慶市	1,090,224,150	4,600	1,037,135,487	53,084,063
總計	22,601,279,924	58,400,339	14,939,977,108	7,602,902,477

各省市審計處審核三十五年度縣地方財政歲入統計表（單位：國幣元）

省市別	計算數	核准數	存查數
湖南省	2,216,739,225		2,216,739,225
四川省	44,345	44,345	
福建省	31,400,227	31,400,227	
甘肅省	138,215,085		138,215,085
總計	2,386,398,882	121,444,572	2,354,954,310

各省市審計處審核三十五年度縣地方財政歲出統計表

（單位：國幣元）

省市別	計算數	剔除數	核准數及存查數	審核數
江蘇省	138,306,292	2,303,317	102,515,876	33,487,099
浙江省	2,589,989,551	15,295,631	2,574,693,920	
安徽省	85,986,345	122,220	78,185,398	7,738,727
江西省	388,625,892	278,575	388,347,317	
湖北省	285,251,048	1,268,623	283,982,425	
湖南省	1,424,535,295	515,647	1,094,167,959	329,851,689
四川省	141,036,586		141,036,586	
福建省	2,080,260,883	25,373,069	972,886,744	1,082,101,070
貴州省	50,091,939		2,791,500	47,300,439
陝西省	174,426,312		174,426,312	
甘肅省	35,172,399		35,172,399	
總計	7,393,682,542	45,057,082	5,848,146,436	1,500,479,024

第一節　四川省

第一目　省地方財政歲入歲出之審計

　　該省審計處依其本年度既定之工作進度，計劃分期派員前往各省級機關就地抽查，共計抽查成都第一血清示範廠、四川省農業改進所藥劑示範廠、四川樂山醫院、四川樂山師範學校、四川公路局、四川合作社物品供銷處、四川印刷局、四川省立教育科學館及成都縣立女子中學校等九機關，綜合抽查結果，發現各該機關賬簿設立不全，歲入類徵收程序未依規定辦理，挪用收入款項延期繳庫，浮報學生副食費，報支理髮費、職員米貼、招待參議員筵席費，薪俸工餉表漏貼印花，收入款項多存入私人銀行或商店，及會計報告未按時送審等情事，核有未合，均已通知各該主管機關轉飭注意或促其改進。

第二目　縣地方財政歲入歲出之審計

　　該省審計處本年度派員抽查彭山、樂山、眉山、夾江、宜賓、峨眉、新津、成都、閬中、南部、遂寧、西充、蒼溪、三臺、資中、內江、金堂、新都、廣漢、綿陽、簡陽、資陽、自貢等二十三縣中歸納抽查結果：（一）經收歲入各款延未繳庫。（二）總會計部份未能按時記帳。（三）各單位會計報告不按時造送。（四）各單位間有挪用或墊付情事。（五）各單位之暫付款多不能按時取回或沖轉等一般情形，均已通知各該縣政府注意改進外，尚有遂寧縣政府購買時鐘、風琴及經收處

購買新華紗廠器材，價額均超過稽察標準。成都縣衛生
院所收掛號費等款項，均未保留收據存根。資中縣前徵
收處所收屠宰稅內有一〇、二七七、二五五・〇〇元，
被該處出納譚春和悉數捲逃等情事，俱經分別通知各該
縣政府注意改進或予以處分。

第二節　貴州省

第一目　省地方財政歲入歲出之審計

　　該省審計處審核各省級機關之歲入部份，多係衛生收入，大致尚符，惟其餘各項收入會計報告均未送審，業經分別催告在案。

　　至歲出類，除就已送審之部份依法審核外，並派員抽查貴州省地政局、衛生處、農業改進所、度量衡檢定所、無線電總台、貴州省立貴陽中學、貴陽女子師範學校、貴州全省保安司令部等八個單位，其審核與抽查之結果，計該省府秘書處臨時費內列支印製建設新貴州表解及其淺說，與印製文書稽催表件之總價，均達稽察標準，未照規定辦理。貴州省文獻徵輯館浮報生活補助費。衛生幹部人員訓練所生活補助費會計紀錄缺附清冊。貴陽市衛生局房屋修理臨時費未送分配預算。市立實驗中學漏送一至七月份會計報告，以及貴陽市立產院本年度十二月份會計報告內累計表，與十一月份累計表數字不符等情事，均已分別通知查詢補送或糾正。

第二目　縣地方財政歲入歲出之審計

　　該省縣級財務歲入歲出，本年度送審單位甚少，且僅送會計報表，未分別檢附收入憑證。至經黔處派員抽查各縣財務已竣事者，共有平壩、普安、鎮寧、晴隆、安順、普定、清鎮、興仁、鑪山、盤縣、施秉、貴定、三穗、龍里、鎮遠、玉屏、黃平、貴筑及惠水等十九縣。抽查結果，計有普定縣警察局本年度經常費超越預

算數一一、二〇〇・〇〇元，保警夏服臨時費預算超支
數三、二一〇・〇〇元。長順縣本年度六月份經常費與
生活補助費列支技士敖榮魁俸及加成數之領據顯用臘紙
套印名章等項，核有未合，均予如數剔除，其餘部份大
致尚屬符合。

第三節　陝西省

第一目　省地方財政歲入歲出之審計

　　自財政改制後，該省三十五年下半年度省總預算書，延至三十六年度始行編竣，故其歲入歲出總會計各項歲入會計報告，及各單位經臨費會計報告，均未送齊，僅就已送到者審核結果，計省府統計室會計報告未依照預算編報，已予發還。第三區行政督察專員兼保安司令部公署臨時費內列支旅費，未附出差工作日記。衛生處衛生試驗所本年度七、八兩月份累計表內列俸薪累計數不符。環境電話管理處十二月份財產目錄內，漏編財產號數。水利局所屬測候所及安康、襃河、沔縣、張家山、魏家河等水文站經費會計報告未依規定編報，沔縣水文站經費與生活補助費混合列報。公路局臨時費報支兩季搶修費之單據漏記商號地址及日期，且單據與報表之列數亦不符合等情事，業經分別通知查詢補送或糾正。

第二目　縣地方財政歲入歲出之審計

　　各縣市本年度會計報告，除陝北情形特殊，各縣份均未送審外，至西安市、黃龍設治局及長安等七十六縣市，均已送審，並派員抽查華陰等二十縣財務收支。茲撮要審核與抽查之結果，計西安市政府總會計漏送現金出納表暨累計表列數錯誤。衛生事務所購置顯微鏡，臨時費報表不全。地方行政幹部訓練所會計報告內列報市長兼領所長特別辦公費，及重報教材編印費。稅捐徵

收處開辦費會計報告未送支出法案。長安縣支出超越預
算及稅款未能按時繳庫。渭南縣徵收稅款多未繳庫，及
各機關均未編製財產目錄，致公有財物無憑稽察。平利
縣五月份預備金表內列有私人用費。商南縣本年度十二
月份臨時費報表內，增列公旅費支出項目，列報不當支
出及漏蓋名章。城固縣地方款額稽徵處人員俸薪悉未扣
除所得稅及印花稅，各項預算外之收支多不繳庫暨縣長
私自挪用公款。武功縣徵收稅款係招商包收制。西鄉縣
稽徵處經常費全無帳據，警察局各月份經費開支僅有單
據，並無帳冊等情事，除已分別通知剔除查詢補送注意
或改進外，其餘部份大致尚符。

第四節　湖南省

第一目　省地方財政歲入歲出之審計

查該省省級各機關自財政收支系統改制後，其歲入類會計報告多已依法送審齊全，送審金額共四百二十萬零八千二百四十一元，審核結果大致符合，均予存查備案矣，至該省省級各機關歲出類會計報告，亦已大致造送齊全，統計送審金額三億零五百五十七萬零四百一十九元，經核結果，除內有一部份應予剔除或更正者外，其餘均予核准或存查矣。

第二目　縣地方財政歲入歲出之審計

該省縣級各機關歲入類計有稅課收入等八項，其會計報告多已編送齊全，綜計送審金額一百二十二萬四千一百八十元，經核符合悉予存查，又查該省縣級各機關歲出類，計有行政支出等十二項，其會計報告多已編送，統計送審金額共一十三億三千八百二十三萬三千八百六十七元，經核除內有一部份應予剔除或更正者外，其餘尚無不合。

第五節　廣西省

第一目　省地方財政歲入歲出之審計

　　該省省級各機關自財政收支系統改制後，另定三十五年度下半年度省總預算，以為執行之依據。歲入部份除課稅部份祇送報表未予核准外，其餘如各機關、學校、醫院、警察局之規費收入，各農場之財產孳息收入，及警察局之懲罰收入等，半年來核准數共八、八八四、七三三‧一四元，各機關餘絀不一，綜合計算仍屬超收。至歲出部份因下半年度總預算核定過遲，以及辦理國款、省款劃分，致審核上窒礙滋多，共計各機關送審經臨費核准數共六億九千零一十九萬三千七百零三元，暨生活補助費存查數共五、三四七、五一二、○九七‧七九元，茲將會計報告審核情形摘陳如次：

（一）查廣西省政府於三十五年中曾頒布廣西省中等學校教職員敘薪辦法，核與兼職人員不得兼領薪津之規定不合，已函請省府依法修正。

（二）三十五年下半年度省總預算之統籌預算科目，多有未合，已予糾正。

（三）各省級機關計有超支預算跨越年度支出，溢支旅費單據形式未備等情事，均已分別通知依法辦理。

第二目　縣地方財政歲入歲出之審計

　　至各縣財務之抽查，計已辦理者有桂林等十四單位，歸納抽查結果計有：（一）各縣政府多未照規定設

置帳簿逐日記帳，又提存鉅額現金，亦未依公庫法規定辦理。（二）各縣稅捐徵收處，多未能依期繳解稅款。（三）各縣帳目因計算或過帳錯誤，每多塗改而未依照會計法規定辦理更正手續。（四）各縣稅捐徵收處新舊任移交遷延數月未清，核與公務員交代條例之規定不符。（五）各縣未遵照規定設置財產帳簿，殊礙財產增減之查考。（六）各縣計算決算案件，多未依期編送，有礙計政之推行等。（七）各項報表之列數時有錯誤，及應收應付款不作轉帳處理等，均已分別通知各該縣市政府或地方財務管理機關，予以糾正或改進。

第六節　福建省

第一目　省地方財政歲入歲出之審計

　　該省省級各機關之收支，因總預算改編及提出追加預算之關係，以致會計報告未能按時送審者甚多。茲就歲出送審部份，審核結果，計教育廳所屬機關內有單據年度不符之支出三五〇・〇〇元。民政廳所屬機關列有浮報生活補助費四〇〇・〇〇元，其餘未送審者均經分函催告送審。

第二目　縣地方財政歲入歲出之審計

　　該省審計處本年度審核六十八縣市收支會計報告，先就歲入類言之，其已編送者共有福州市、古田縣等四十六縣市，均屬各縣市總會計歲入分類累計表，經核尚符，准予存查，其未送審者，亦經分別催告，並派員抽查，結果計閩清縣稅捐稽徵處收入內有屠宰稅，除依法從價徵收百分之五外，尚有附加省保安補給費百分之五，及附加每頭一萬元作為平衡縣款收支，核與屠宰稅法之規定均有不合，業經函知該省府轉飭停徵。歲出方面發現福州等九縣市均有浮報與超支，廈門等九縣市列有不當及超越預算之支出，寧化等八縣均有不當支出等情事，均經分別予以剔除，此外尚應行通知注意事項，及未送審之單位亦經一併通知，從速依法辦理或送審。至縣財務之抽查一項，經派員如期辦完，閩清等十五縣綜合抽查結果，計有永泰等縣縣長及永安等九縣徵收人員，暨其他少數財務人員等不忠不法情事，均經分別通

知省府，予以處分。其他不合規定或應行通知事項，亦
均函省政府分別轉飭注意或糾正。

第七節　浙江省

第一目　省地方財政歲入歲出之審計

　　該省省級各機關收支會計報告，因自財政改制後，省總預算核定延遲，審核既缺依據，又大部份造送，並與上半年度合併編報。

第二目　縣地方財政歲入歲出之審計

　　該省各縣收支報告除各縣歲入類審核結果從略外，其關歲出部份已送審者，統計本年度送審計算數為七十一億九千三百一十四萬七千三百四十元三角七分，經核除內有一部份應予剔除者外，其餘均屬符合，已予核准矣。

第八節　安徽省

第一目　省地方財政歲入歲出之審計

自財政收支系統改制後，該處對於本年度下半年七月份以後各機關所送各項收支會計報告，因預算尚未能如期核定，故審核無所依據。

第二目　縣地方財政歲入歲出之審計

該省各縣會計事務多能照省頒縣總會計制度之一致規定，及單位會計應行處理程序之規定辦理，本年度下半年度各縣歲入類會計報告，多未能依照規定送審，已送審部份經核對歲入預算符合者，均予核准。又查各縣政府及縣會計室經臨費會計報告，尚能依照規定送審，惟縣屬各機關單位既多，而會計人員復未臻健全，所送各費類會計報告尚未盡善，然比較以前年度已確有進步，審核時發現不合部份均已隨時予以糾正。至本年度派員抽查懷寧等十五縣財務之收支，綜核抽查結果，內有：（一）懷寧縣前任縣長王漢昭經收三十一年至三十四年免緩役徵書費，係私人名義匯交皖省府民政廳，並挪用三十四年委購軍糧款作其他支出，均有不合。（二）桐城縣銀行內部帳務異常凌亂，無從查核。（三）各縣稅捐徵收處對於會計處理及稅款庫清繳，亦多未合規定。（四）各縣府對所屬機關經臨費之撥付，均未依公庫法辦理，祇互相抵撥，易生弊端，均已分函省府予以處分，或轉飭改善及予以糾正。

第九節　江蘇省

第一目　省地方財政歲入歲出之審計

　　該省省級各機關本年度下半年度收支計算書類已送審者，均經依法審核竣事，少有積壓，審核結果計有超支及不經濟等支出共一、六九五、七八六・五〇元，至核有未合者已予如數剔除，其餘大體尚無不合。

第二目　縣地方財政歲入歲出之審計

　　該省審計處本年度派員辦理丹陽、溧陽、宜興、武進、無錫、吳縣、崑山、上海、松江、常熟等十縣，財務之抽查結果，發現：（一）各縣收入款項多未按規定繳庫，隨時自行挪用。（二）各鄉鎮時常擅向各保籌募或攤派款額。（三）各縣對各項墊付款多不按時收回或沖轉。（四）常熟縣徵收養路費及水產稅，並無法案依據且事涉苛擾，經核均有未合，已分別通知糾正或改進。

第十節　湖北省

第一目　省地方財政歲入歲出之審計

　　該省審計處除經常依法審核各送審機關收支會計報告外，並派員抽查漢口市立醫院、湖北省立武昌中學及省立實驗中學、武昌第二女子中學、湖北省立醫院、湖北省銀行、漢口市公共汽車管理處、湖北省立第一高級商業職業學校、漢口市立中學校、湖北省漢口紡織廠、漢口市立第一女子中學、湖北省機械廠、湖北省立第九師範學校等十四個送審機關，歸納抽查結果，計有各項收入款項多未按照規定辦理新舊任移交手續，久延未清，現職人員所支薪俸多較銓定級俸為高，款項不存公庫或銀行，多由會計室或出納人員自行保管，塗改帳表等情事，核有未合，均已依法通知剔除查詢注意或糾正改善。

第二目　縣地方財政歲入歲出之審計

　　該省審計處本年度經派員抽查武昌、漢陽、嘉魚、蒲圻、咸寧、江陵、監利、公安、石首、松滋、枝江、宜都、光化、均縣、鄖城、蘄春、黃岡等十八縣市，財務綜合抽查結果，內有：（一）各縣會計多半無帳可查，即使設有舊式帳冊亦復記載不全。（二）各縣徵收各項稅款均多不逐日繳庫，且繳款時復不按照稅票金額掃數解繳。（三）嘉魚縣前任縣長任內經手之敵偽物資變賣及積穀款項計五、八五〇、四八三・七八元，既未按時繳庫，又未檢據列冊移交。（四）均縣縣政府挪用

待發軍糧款二六、五四九、三六〇‧〇〇元。（五）咸
寧縣政府會計主任虧欠公款，棄職潛逃。（六）各機關
經臨費多在稅捐徵收處直接劃撥抵解，不僅紊亂收支系
統而且易生流弊。（七）任意提用稅款等情事，均經依
法通知注意或改進。

第十一節　河南省

第一目　省地方財政歲入歲出之審計

　　至該省省級機關收支會計報告，除歲入類審核情形未准具報外，至歲出類部份計有行政、教育、文化、經濟及建設、社會及救濟、衛生、保警、生活補助費，及還治員工補助費等經臨費，多已依法送審，經核結果大體尚屬相符。統計三十五年下半年度計算數與核准數，同為一億八千一百七十九萬四千六百九十元。

第二目　縣地方財政歲入歲出之審計

　　該省縣地方財政收支會計事務，多已分別遵照縣總會計之一致規定，及財政廳頒行各縣總會計制度辦理。本年度審核情形以奸匪竄擾多，未能如期送審，致缺具體之數字，至派員抽查開封等十四縣市財務概況，其審核結果：（一）各縣總會計及各單位會計簿籍以復員未久，多設置不全，而會計處理亦屬紊亂異常。（二）各縣奉令代購麩料、柴草及各上級機關委辦代購馱驟，代雇車輛之意外損失賠墊之款，概由攤派彌補，漫無限制，流弊滋多。（三）各縣財務委員會多已奉令撤銷，對縣財務收支審核無人負責，致該縣財務上發生挪用攤派變賣等情弊。（四）各縣公有財物多未設帳記載，僅憑查閱案卷，遺漏堪虞，以上各點均已分別通知處分或糾正。

第十二節　山西省

第一目　省地方財政歲入歲出之審計

　　該省省地方財政歲入歲出之事後審計，自該處成立後即迭經函催省府轉飭編造送審，嗣准省府函復，以該省情形特殊，在日敵無條件投降前各機關駐地不時轉移，光復後奸匪又到處竄擾，情形更為惡劣，所有單據雖不至完全遺失，即間有者亦多殘缺不全，而省地方機關計決算報告表實無法編送，審核殊屬困難。

第二目　縣地方財政歲入歲出之審計

　　本目審核情形與前目所述情形相同。

第十三節　重慶市

　　重慶市自治財政部份歲出類會計報告，經核市審計處審核結果，計有市立圖書館經費超支，教育與地政兩局員額及級俸多有超支，肺病療養院及平貧民醫院列有兼支特別辦公費，選舉事務所列報兼領交通費，國民兵隊多列交通費，消防總隊浮報逃亡士兵膳食費等情事，均經依法予以剔除。至該省自治部份，歲入類送審金額除部份尚未清結者外，其餘部份依法均應予以核准。

第十四節　南京市

　　南京市所屬各機關之經臨費，其國家財政部份與自治財政部份會計報告，均由本部直接審核，除國家財政部份已於前章中述及外，茲就自治財政部份審核情形摘陳。查該市所屬各機關自治財政部份會計報告多能按時送審，經核結果，內有教育局開辦費浮報三、〇〇〇・〇〇元，各國民學校生活補助費缺附會計紀錄，衛生局列支三十四年度電費二五、四一五・三〇元，及生活補助費二三、一一二・〇〇元，會計處經費超支，市立醫院預算超支五・四〇元，戒烟醫院列報兼領特別辦公費九、〇〇〇・〇〇元，及未蓋私章之生活補助費二五、〇〇〇・〇〇元，社會局開辦費多報旅費六〇〇・〇〇元，工務局生活補助費未送清冊，臨時參議會列報調用衛兵津貼二五、〇〇〇・〇〇元，及開會餐費八二四、〇〇〇・〇〇元，首都警察廳列報招待費九八、〇〇〇・〇〇元，及添購器具浮報數二〇、〇〇〇・〇〇元暨多列辦公費一九六、八〇〇・〇〇元，第二中學校列報香烟、糖果等費三、三〇〇・〇〇元，及重複支給生活補助費八四、六六五・〇〇元等情事，均經依法通知剔除查詢或補送。

第四章　審計結果之統計

　　關於本年度國家財政系統，各類歲入與歲出暨自治財政系統歲入與歲出之審計概況，已分述於本報告書各章中，茲為便於省覽藉供查考起見，爰就現有資料擇其重要事項，編製統計圖表列入本章，其目次如左：

三十五年度審計報告書統計圖表目錄

歲出統計表。

十五、各省市審計處審核三十五年度縣地方財政歲入統
計表。

十六、各省市審計處審核三十五年度縣地方財政歲出統
計表。

審計部國庫總庫審計辦事處核簽三十五年度各項歲入金額表

科目	預算數	調整後預算數	核簽數	核簽數佔調整後預算數百分比
土地稅	94,462,443,000	77,872,095,100	21,609,847,472	27
所得稅	40,000,000,000	56,168,261,900	40,465,410,932	71
非常時期過份利得稅	5,000,000,000	5,000,000,000	18,899,790,984	360
遺產稅	3,000,000,000	2,614,401,370	1,443,933,468	55
營業稅	60,000,000,000	14,408,818,743	50,726,680,685	357
印花稅	13,000,000,000	30,000,000,000	63,952,657,300	210
關稅	100,000,000,000	242,304,890,700	310,060,373,022	128
鑛稅	2,002,000,000	2,002,000,000	10,494,683,329	500
貨物稅	202,489,900,000	228,989,900,000	434,041,537,263	190
鹽稅	200,000,000,000	201,000,000,000	177,549,569,128	88
罰款及賠償收入	237,100,000	232,216,200	1,170,324,875	504
規費收入	50,482,052,000	50,280,273,283	4,674,143,825	9
財產孳息收入	22,222,651,000	22,737,223,360	1,271,107,816	5
財產物資售價收入	684,753,000,000	797,695,495,472	745,970,300,994	93
公有營業盈餘收入	109,004,793,000	109,358,205,970	49,829,164,547	44
公有事業收入	197,150,000	207,240,900	14,297,940	6
捐獻及贈與收入	83,000,000,000	83,756,701,680	18,572,424,007	22
收回美軍墊款收入	150,000,000,000	150,000,000,000		
徵借實物收入	27,838,200,000	27,838,200,000	493,741,223	1
其他收入	186,566,000	388,108,299	636,592,765	163

科目	預算數	調整後預算數	核簽數	核簽數佔調整後預算數百分比
債款收入	677,058,570,000	677,082,546,471	5,379,100,911	7
菸專賣收入			3,565,096	
信託管理收入			19,484,080	
總計	2,524,934,725,000	2,779,083,479,452	7,944,025,632,783	285

審計部國庫總庫審計辦事處核簽三十五年度各項歲入金額圖

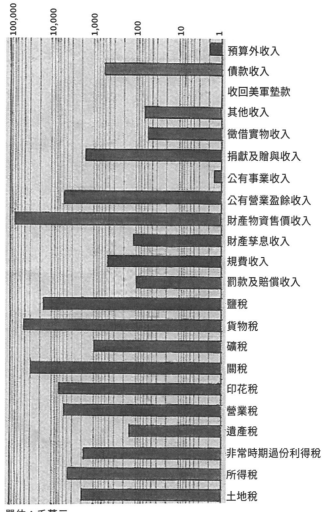

單位：千萬元

審計部各省審計處核簽三十五年度撥款書金額統計表

處別	核簽數
湖北省審計處	20,507,696,294
湖南省審計處	23,570,263,343
浙江省審計處	33,524,803,869
江西省審計處	8,185,529,933
四川省審計處	21,176,121,181
廣東省審計處	25,047,081,467
廣西省審計處	23,097,247,847
雲南省審計處	11,398,212,560
貴州省審計處	2,844,216,393
安徽省審計處	8,394,503,025
福建省審計處	22,405,799,137
河南省審計處	9,697,555,658
河北省審計處	5,571,009,621
陝西省審計處	14,751,817,292
重慶市審計處	10,780,151,429
上海市審計處	83,338,836,586
廣州市審計處	7,397,047,512
總計	331,687,893,147

各省審計處核簽三十五年度撥款書金額統計圖

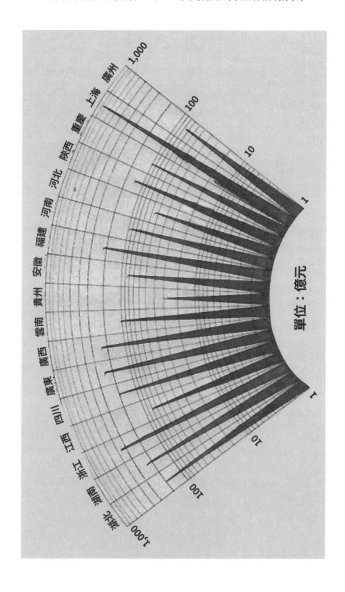

審計部核簽三十五年度各項支出統計表

科目	中央歲出	省市支出	復員支出
預算數	1,894,751,873,000	250,182,852,000	180,000,000,000
調整後預算數	6,032,789,675,435	551,508,509,532	222,879,346,641
核簽數	5,750,100,985,881	463,865,018,282	219,812,124,556
轉入下年度預算數	35,635,708,756	5,038,603,825	14,988,531,148
預算餘額	247,052,980,797	82,604,887,424	超支 11,921,309,063
核簽數佔調整後預算數百分比	95	84	98

科目	第二預備金	總計
預算數	200,000,000,000	2,524,934,725,000
調整後預算數	超支 24,569,096,508	6,782,608,435,101
核簽數		6,433,778,628,720
轉入下年度預算數		55,662,843,730
預算餘額	超支 24,569,096,508	293,167,462,651
核簽數佔調整後預算數百分比		94

審計部核簽三十五年度各項支出統計圖

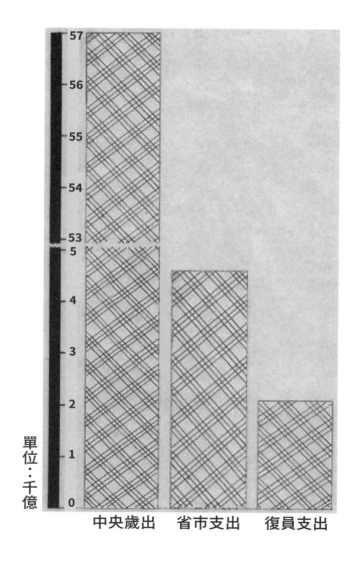

單位：千億

審計部核簽三十五年度中央歲出支付書金額統計表

科目	政權行使支出	國民政府主管	行政院主管
預算數	4,648,818,000	2,133,150,000	616,137,000
調整後預算數	439,585,916,991	16,973,740,742	36,351,744,236
核簽數	439,585,798,890	16,781,243,702	35,726,406,284
轉入下年度預算數	54,087	137,584,661	416,422,300
預算餘額	64,012	54,912,378	208,914,652
核簽數佔調整後預算數百分比	1.00	1.00	0.97

科目	內政部主管	外交部主管	軍政部主管
預算數	2,859,077,000	877,570,000	1,099,079,996,000
調整後預算數	26,971,435,874	41,989,300,159	3,294,078,309,853
核簽數	26,697,584,578	41,784,255,159	3,293,841,645,215
轉入下年度預算數	120,453,190		
預算餘額	153,398,104	205,045,000	236,664,638
核簽數佔調整後預算數百分比	1.00	1.00	0.99

科目	財政部主管	經濟部主管	教育部主管
預算數	53,478,543,000	54,356,953,000	47,914,169,000
調整後預算數	203,107,067,704	71,737,946,462	189,083,321,159
核簽數	199,212,827,468	80,964,880,304	189,061,952,929
轉入下年度預算數	3,455,183,082	2,875,017	
預算餘額	439,057,151	超支 9,229,808,861	21,368,230
核簽數佔調整後預算數百分比	0.98	1.12	1.00

科目	交通部主管	農林部主管	社會部主管
預算數	266,932,187,000	13,745,182,000	14,080,969,000
調整後預算數	809,454,986,272	26,496,653,748	22,231,356,340
核簽數	629,869,239,475	23,717,344,436	18,521,207,546
轉入下年度預算數	405,567,064	3,524,542,910	187,641,393
預算餘額	179,180,179,732	超支 745,233,599	1,857,507,401
核簽數佔調整後預算數百分比	0.77	0.88	0.81

科目	糧食部主管	司法行政部主管	蒙藏委員會主管
預算數	47,651,943,000	37,421,061,000	460,982,000
調整後預算數	223,535,329,418	139,237,178,225	3,190,404,274
核簽數	222,499,200,290	137,580,871,819	3,187,030,273
轉入下年度預算數	327,414	1,274,844,079	11,309
預算餘額	1,035,557,714	380,462,327	3,362,692
核簽數佔調整後預算數百分比	0.99	0.98	1.00

科目	僑務委員會主管	水利委員會主管	衛生署主管
預算數	180,587,000	150,941,906,000	3,116,014,000
調整後預算數	2,969,949,740	166,853,455,795	12,594,914,888
核簽數	2,781,452,050	141,833,452,003	12,246,456,025
轉入下年度預算數	178,225,478	18,100,600,000	22,486,383
預算餘額	10,332,211	6,919,403,791	325,972,478
核簽數佔調整後預算數百分比	1.00	0.84	1.00

科目	地政署主管	善後救濟總署主管	立法院主管
預算數	4,301,449,000	29,456,226,000	395,665,000
調整後預算數	10,673,293,000	59,426,734,630	2,227,522,500
核簽數	10,671,195,840	32,336,799,173	2,227,522,000
轉入下年度預算數		3,190,252,400	
預算餘額	2,097,160	23,899,683,057	
核簽數佔調整後預算數百分比	1.00	0.54	1.00

科目	司法院主管	考試院主管	監察院主管
預算數	643,130,000	987,139,000	2,032,508,000
調整後預算數	2,855,792,220	6,166,050,494	12,539,090,704
核簽數	2,843,275,362	6,004,888,742	11,693,314,088
轉入下年度預算數	5,990,298	113,647,920	780,778,971
預算餘額	6,526,560	47,513,232	64,977,644
核簽數佔調整後預算數百分比	1.00	1.00	0.91

科目	債務支出	公務員退休及撫卹	補助支出
預算數	56,934,374,000	117,000,000	199,822,000
調整後預算數	166,021,307,811	2,792,190,000	43,644,643,179
核簽數	165,123,578,342	683,840,250	2,623,723,123
轉入下年度預算數		2,052,976,796	
預算餘額	897,729,469	55,372,954	41,020,920,055
核簽數佔調整後預算數百分比	0.99	0.24	0.60

科目	總計
預算數	1,895,552,557,000
調整後預算數	6,032,789,636,418
核簽數	5,750,100,985,366
轉入下年度預算數	33,970,465,752
預算餘額	247,051,980,182
核簽數佔調整後預算數百分比	0.95

審計部核簽三十五年度中央歲出支付金額統計圖

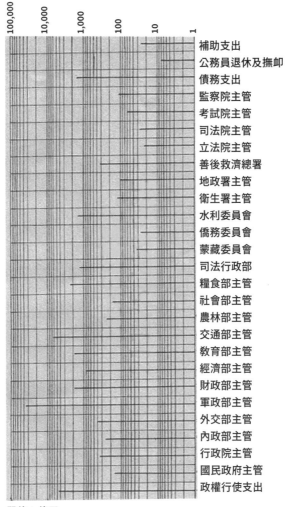

單位：億元

審計部核簽三十五年度省市歲出支付書金額統計表

省市別	江蘇	浙江	湖南
預算數	6,425,600,000	6,386,075,000	7,217,935,000
調整後預算數	16,043,448,267	17,768,130,891	33,834,558,628
核簽數	14,783,802,698	16,583,347,502	21,779,114,547
轉入下年度預算數			
預算餘額	1,259,645,569	1,184,783,388	2,055,444,081
核簽數佔調整後預算數百分比	87	94	91

省市別	湖北	江西	安徽
預算數	6,651,672,000	6,925,477,000	5,587,364,000
調整後預算數	18,080,599,233	16,348,090,309	12,567,414,801
核簽數	16,407,011,612	14,706,957,525	11,557,124,385
轉入下年度預算數	854,119,000		
預算餘額	819,468,621	1,641,132,783	1,010,290,416
核簽數佔調整後預算數百分比	88	87	91

省市別	廣東	廣西	福建
預算數	7,681,340,000	6,156,792,000	6,164,988,000
調整後預算數	20,187,200,541	19,363,495,955	15,317,943,663
核簽數	17,658,237,328	16,515,722,824	14,065,859,627
轉入下年度預算數	3,923,810	1,321,160,557	
預算餘額	2,525,039,403	1,526,612,574	1,252,084,035
核簽數佔調整後預算數百分比	85	84	93

省市別	貴州	雲南	陝西
預算數	4,960,193,000	5,466,737,000	6,290,539,000
調整後預算數	10,498,866,705	14,388,759,221	19,408,661,787
核簽數	8,620,474,452	14,046,128,458	16,862,807,107
轉入下年度預算數	583,000,000		648,699,333
預算餘額	1,295,392,273	342,620,763	1,897,155,346
核簽數佔調整後預算數百分比	80	100	84

省市別	甘肅	河南	山東
預算數	4,121,855,000	5,858,685,000	5,905,110,000
調整後預算數	12,162,054,927	21,294,179,128	24,852,356,346
核簽數	10,691,406,586	19,622,995,462	22,998,422,626
轉入下年度預算數	534,000,800		987,200,325
預算餘額	936,607,541	1,671,183,665	866,733,395
核簽數佔調整後預算數百分比	82	90	91

省市別	河北	山西	綏遠
預算數	5,860,543,000	4,937,731,000	2,107,716,000
調整後預算數	18,310,822,029	24,202,840,514	9,028,638,196
核簽數	17,232,737,432	23,104,456,000	8,067,852,578
轉入下年度預算數			
預算餘額	1,078,084,597	1,098,384,514	960,785,618
核簽數佔調整後預算數百分比	94	95	89

省市別	察哈爾	寧夏	青海
預算數	1,345,130,000	1,634,022,000	1,003,141,000
調整後預算數	3,067,300,000	6,472,802,330	3,896,216,700
核簽數	5,811,268,700	4,958,954,276	3,549,244,753
轉入下年度預算數			
預算餘額	1,256,031,300	1,513,848,054	346,971,947
核簽數佔調整後預算數百分比	82	76	91

省市別	熱河省	四川省	西康省
預算數	1,639,962,000	12,932,815,000	3,051,336,000
調整後預算數	9,784,391,611	25,808,679,465	8,883,017,349
核簽數	8,427,470,111	24,381,595,554	7,574,059,815
轉入下年度預算數			
預算餘額	1,356,921,500	1,427,083,911	1,308,957,534
核簽數佔調整後預算數百分比	86	94	85

省市別	上海市	青島市	天津市
預算數	4,319,094,000	1,005,203,000	1,832,366,000
調整後預算數	10,781,735,700	7,939,214,439	13,167,089,546
核簽數	10,781,735,700	6,690,843,000	12,990,080,004
轉入下年度預算數			
預算餘額	0	1,248,371,439	177,009,542
核簽數佔調整後預算數百分比	100	84	98

省市別	北平市	南京市	重慶市
預算數	2,178,559,000	2,745,007,000	2,607,000,000
調整後預算數	17,494,777,500	9,800,283,239	7,572,085,483
核簽數	15,220,562,889	9,693,783,239	7,572,085,483
轉入下年度預算數		106,500,000	
預算餘額	2,274,214,610	0	0
核簽數佔調整後預算數百分比	89	98	100

省市別	分配數	縣市建設費	分配縣市國稅
預算數	11,200,000,000	6,000,000,000	70,098,817,000
調整後預算數	11,200,000,000	6,000,000,000	70,098,817,000
核簽數	9,277,054,200	5,995,699,300	25,857,783,000
轉入下年度預算數			
預算餘額	1,922,945,800	4,300,700	44,241,034,000
核簽數佔調整後預算數百分比	82	99	36

省市別	補償免賦省市田賦附三成	總計
預算數	21,884,048,000	250,182,852,000
調整後預算數	21,884,048,000	551,508,509,532
核簽數	19,778,299,500	463,865,018,282
轉入下年度預算數		5,038,603,825
預算餘額	2,105,748,500	82,604,887,424
核簽數佔調整後預算數百分比	90	82

審計部核簽三十五年度省市歲出支付金額統計圖

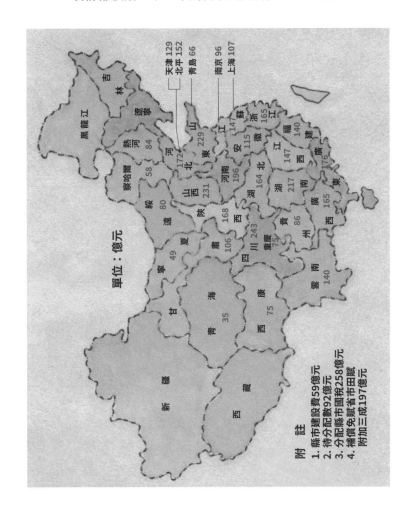

單位：億元

天津 129　北平 152
青島 66
南京 96
上海 107

吉林
遼寧
黑龍江
熱河 84
察哈爾 58
綏遠 80
寧夏 49
甘肅 106
青海 35
西康 75
新疆
西藏
河北 172
山東 229
山西 231
陝西 168
四川 243
重慶 75
貴州 86
雲南 140
江蘇 147
安徽 115
浙江
河南 196
湖北 164
湖南 217
江西 147
福建 140
廣西 165
廣東 176

附註
1. 縣市建設費59億元
2. 待分配數92億元
3. 分配縣市國稅258億元
4. 補償免賦省市田賦
　　附加三成197億元

審計部核簽三十五年度復員費支付書金額統計表

省市別	中央機關及事業復員費	中央公務員還都補助費	各國立學校復員費
預算數	70,000,000,000	20,000,000,000	60,000,000,000
調整後預算數	70,434,763,101	20,000,000,000	102,444,583,540
核簽數	70,400,153,099	11,874,718,611	102,444,526,540
轉入下年度預算數	34,610,001	8,125,281,388	
預算餘額			57,000
核簽數佔調整後預算數百分比	100	55	100

省市別	各省市復員費	日僑給養費	總計
預算數	20,000,000,000	10,000,000,000	180,000,000,000
調整後預算數	20,000,000,000	10,000,000,000	222,879,346,641
核簽數	31,921,366,063	3,171,360,241	219,872,124,556
轉入下年度預算數		6,828,639,759	14,988,531,148
預算餘額	11,921,366,063		11,921,309,163
核簽數佔調整後預算數百分比	155	31	98

審計部核簽三十五年度復員費支付金額統計圖

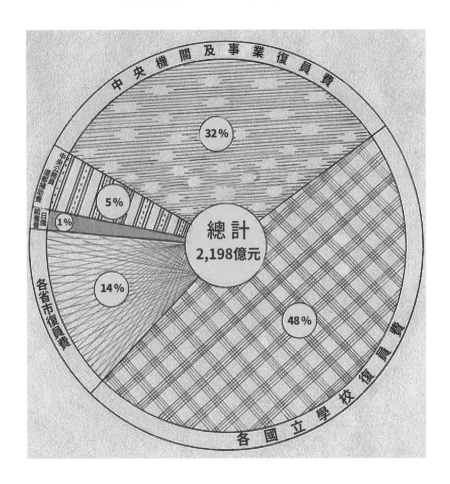

審計部審核三十五年度中央支出金額統計表

科目	政權行使支出	國民政府主管	行政院主管
計算數	14,447,155,153	1,823,162,326	634,401,022
剔除數	1,772,980		367,770
核准數	439,954,899	204,741,843	98,871,767
存查數	564,934,602	1,462,611,233	528,565,691
審核數	13,449,492,672	155,809,249	6,595,793
核准數佔計算數百分比	3	11	15

科目	內政部主管	外交部主管	軍政部主管
計算數	2,743,037,783	23,137,126	116,153,800,093
剔除數		42,000	3,192,384,367
核准數	344,504,104	9,213,957	87,566,458,800
存查數	2,099,241,199		
審核數	299,292,480	13,881,169	25,414,956,924
核准數佔計算數百分比	12	39	75

科目	財政部主管	經濟部主管	教育部主管
計算數	9,790,206,284	4,523,655,643	5,880,731,709
剔除數	1,891,873	351,200	5,847,108
核准數	3,008,020,087	710,472,252	1,402,883,667
存查數	1,786,049,746	1,587,890,900	3,065,158,360
審核數	4,994,244,577	2,224,941,290	1,406,842,573
核准數佔計算數百分比	33	15	23

科目	交通部主管	農林部主管	社會部主管
計算數	1,706,735,519	2,569,752,565	1,546,976,818
剔除數	22,750	14,300	
核准數	516,037,490	1,186,597,951	483,267,618
存查數	1,044,995,843	1,135,061,440	504,970,829
審核數	145,679,436	248,078,873	558,738,369
核准數佔計算數百分比	30	46	31

科目	糧食部主管	司法行政部主管	蒙藏委員會主管
計算數	3,258,037,961	1,253,917,723	484,447,479
剔除數	121,900	226,343	
核准數	1,134,329,946	465,155,730	9,000,643
存查數	1,581,779,243	172,567,857	368,365,019
審核數	541,806,870	615,967,803	107,081,814
核准數佔計算數百分比	34	37	1

科目	僑務委員會主管	水利委員會主管	衛生署主管
計算數	204,357,525	1,908,027,808	2,596,070,890
剔除數		989,037	19,200
核准數	74,867,372	93,159,224	549,108,178
存查數	129,490,153	1,778,638,127	1,802,273,675
審核數		35,241,419	244,669,836
核准數佔計算數百分比	36	4	21

科目	地政署主管	善後救濟總署主管	立法院主管
計算數	332,548,706	57,152,471	95,477,946
剔除數	4,500		
核准數	57,505,986	43,681,497	67,026,446
存查數	273,887,579		28,451,500
審核數	1,150,640	13,470,974	
核准數佔計算數百分比	17	75	70

科目	司法院主管	考試院主管	監察院主管
計算數	382,405,826	517,723,494	1,935,888,119
剔除數			39,743
核准數	77,995,262	187,057,843	234,947,247
存查數	398,124,367	222,977,614	1,632,895,438
審核數	6,286,196	107,688,035	68,005,698
核准數佔計算數百分比	20	36	12

科目	總計
計算數	174,966,808,012
剔除數	3,184,095,063
核准數	98,955,859,826
存查數	22,186,930,422
審核數	50,659,922,700
核准數佔計算數百分比	56

審計部審核三十五年度中央歲出支付金額統計圖

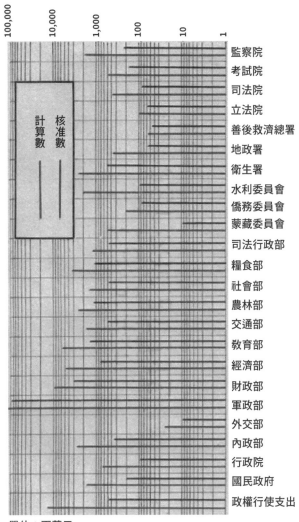

單位：百萬元

審計部審核三十五年度省市支出金額統計表

科目	江蘇省	安徽省	江西省
計算數	1,207,208	30,644,441	82,575,184
剔除數			800
核准數	1,154,600	30,644,441	82,574,384
審核數	52,608		
核准數佔計算數百分比	95	100	100

科目	湖北省	湖南省	福建省
計算數	63,407,720	39,525,688	684,591,567
剔除數	3,857,285		1,927,770
核准數	59,550,435	34,278,350	673,465,141
審核數		5,247,338	9,198,654
核准數佔計算數百分比	93	87	98

科目	廣西省	陝西省	重慶市
計算數	592,063	164,782,809	79,828,444
剔除數			
核准數	592,063	164,782,809	76,753,461
審核數			3,074,983
核准數佔計算數百分比	100	100	96

科目	上海市	南京市	總計
計算數	1,165,151,857	4,976,705,477	7,289,012,458
剔除數			5,785,857
核准數		1,243,246,538	2,367,042,222
審核數	1,165,151,857	3,733,458,939	4,916,184,379
核准數佔計算數百分比		24	32

審計部審核三十五年度省市歲出支付金額統計圖

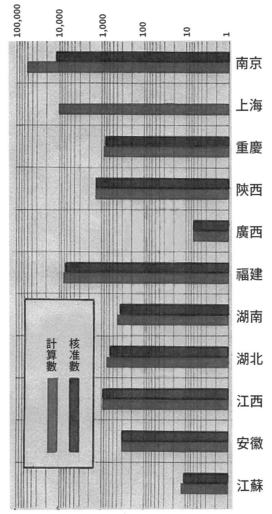

單位：十萬元

審計部審核三十五年度復員支出金額統計表

科目	中央機關及事業復員費	中央公務員還都補助費	各國立學校復員費	總計
計算數	4,398,716,523	1,908,381,241	1,106,618,136	7,413,715,900
核准數	3,041,298,844	1,229,555,745	239,741,839	4,510,596,428
審核數	1,357,417,678	678,825,495	866,876,297	2,903,119,471
核准數佔計算數百分比	69	64	21	60

審計部審核三十五年度復員支出金額統計圖

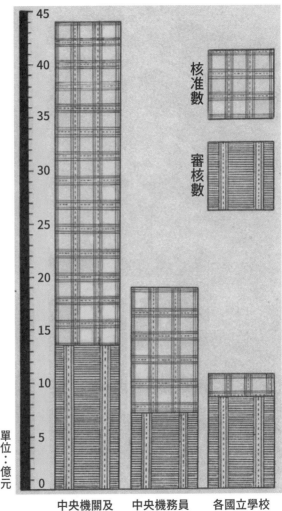

審計部三十五年度各月辦理稽察案件統計表

事項別		一月	二月	三月	四月	五月	六月	七月
總計		638	421	538	255	363	1,188	894
監視事項	公債抽籤還本之監視	6	3	6			8	5
	銷燬偽券廢券之監視	2	1	1			23	17
	開標決標或比價監視	22	24	73	111	130	145	159
	監驗各機關營繕工程及購置變賣財物	27	21	49	57	78	84	88
	監驗軍服被服之監視							2
	合計	57	49	129	168	208	260	271
調查事項	審計上發生疑義案之調查	26	6	13			46	12
	各機關損失現金財物之調查	102	95	123			193	193
	各機關復員經費收支情形之調查							
	兼職兼薪之調查							7
	合計	128	101	136			239	212
稽察及檢查事項	各機關收支稽察及現金財物之監查							12
	田賦徵實稽察							3
	合計							15
其他稽察事項	審核各審計處稽察各機關收支報告	24	4				13	
	審核各處呈報案件	17	12	4			4	1
	其他審核存查案件	412	255	269	87	155	672	395
	合計	453	271	273	87	155	689	396

事項別		八月	九月	十月	十一月	十二月	總計
總計		1,000	807	887	941	589	8,521
監視事項	公債抽籤還本之監視	3	7	9	5	3	55
	銷燬偽券廢券之監視	8	15	17	21	9	114
	開標決標或比價監視	113	98	97	71	50	1,093
	監驗各機關營繕工程及購置變賣財物	99	58	41	48	9	659
	監驗軍服被服之監視	15	13	48	12	24	114
	合計	238	191	212	157	95	2,035
調查事項	審計上發生疑義案之調查	15	21	14	16	13	182
	各機關損失現金財物之調查	45	68	78	94	52	1,043
	各機關復員經費收支情形之調查	3	23				26
	兼職兼薪之調查	14	19	19	12	13	84
	合計	77	131	111	122	78	1,335
稽察及檢查事項	各機關收支稽察及現金財物之監查	12	12	12	12	6	66
	田賦徵實稽察	7	5	4	6	3	28
	合計	19	17	16	18	9	94
其他稽察事項	審核各審計處稽察各機關收支報告	14	15	14	8		92
	審核各處呈報案件	2	3	4	6	11	64
	其他審核存查案件	650	450	530	630	396	4,901
	合計	666	468	548	644	407	5,057

審計部三十五年度辦理稽察案件各項件數百分比較圖

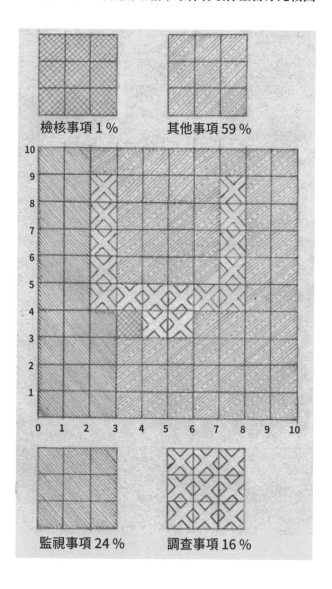

各省審計處三十五年度辦理稽察案件統計表

處別	件數
江蘇省審計處	441
浙江省審計處	415
安徽省審計處	489
江西省審計處	353
湖北省審計處	666
湖南省審計處	447
四川省審計處	606
福建省審計處	481
廣東省審計處	757
廣西省審計處	614
雲南省審計處	473
貴州省審計處	1,320
河南省審計處	680
陝西省審計處	680
甘肅省審計處	183
上海市審計處	2,435
重慶市審計處	1,172
鹽政局審計辦事處	1,196
總計	13,588

各省審計辦事處三十五年度辦理稽察案件統計圖

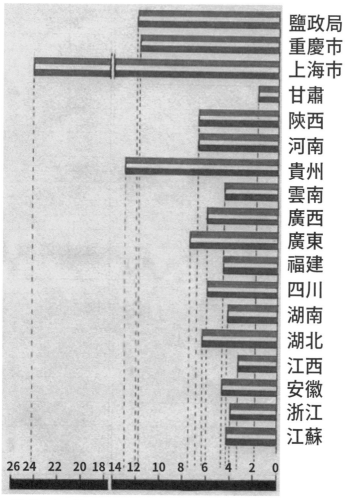

鹽政局
重慶市
上海市
甘肅
陝西
河南
貴州
雲南
廣西
廣東
福建
四川
湖南
湖北
江西
安徽
浙江
江蘇

26 24 22 20 18 14 12 10 8 6 4 2 0

單位：百件

審計部及所屬各處三十五年度辦理稽察工作節省公帑數額統計表

三十五年一月至十二月份底

單位：國幣元

處別	節省公帑金額（元）
審計部	2,229,606,108
江蘇省審計處	32,160,228
浙江省審計處	180,747,208
安徽省審計處	37,966,241
江西省審計處	120,257,038
湖北省審計處	535,219,030
湖南省審計處	229,187,231
四川省審計處	10,426,827
福建省審計處	55,986,379
廣東省審計處	70,188,815
廣西省審計處	24,638,785
雲南省審計處	65,555,725
貴州省審計處	468,280
河南省審計處	171,848,451
陝西省審計處	140,916,042
甘肅省審計處	2,400,000
上海市審計處	581,708,600
重慶市審計處	219,929,818
鹽政局審計辦事處	3,955,104
總計	4,713,165,908

各省市審計處審核三十五年度下半年省市地方財政歲入統計表

省市別	江蘇省	浙江省	安徽省
計算數	233,510,644	3,659,851,512	1,296,701,774
剔除數	218,352	22,833,446	23,310
核准數及存查數	202,747,329	3,637,018,066	1,296,678,464
審核數	30,544,963		

省市別	江西省	湖北省	湖南省
計算數	508,853,118	1,353,533,912	3,761,074,305
剔除數	16,738	4,329,275	17,007,899
核准數及存查數	507,438,450	1,348,125,793	2,734,653,190
審核數	1,397,930	1,078,844	1,009,413,216

省市別	四川省	福建省	廣東省
計算數	854,487,600	2,390,469,141	252,907,752
剔除數	34,188	12,854,168	
核准數及存查數	854,453,412	225,268,609	204,721,261
審核數		2,152,346,364	48,186,491

省市別	廣西省	雲南省	貴州省
計算數	394,502	1,507,084,879	869,135,573
剔除數		1,029,643	48,630
核准數及存查數	394,502	1,125,108,002	819,552,155
審核數		380,947,234	49,534,788

省市別	河南省	陝西省	甘肅省
計算數	139,387,883	13,273,106	794,021,489
剔除數			90
核准數及存查數	139,387,883	13,273,106	794,021,399
審核數			

省市別	上海市	重慶市	總計
計算數	3,876,368,584	1,090,224,150	22,601,279,924
剔除數		4,600	58,400,339
核准數及存查數		1,037,135,487	14,939,977,108
審核數	3,876,368,584	53,084,063	7,602,902,477

各省審計處審核三十五年度下半年省市地方財政歲入統計表

省市別	江蘇省	江西省	湖南省
計算數	394,720	2,058,539	224,625,650
剔除數	201,405		
存查數	193,315	2,058,539	224,625,650

省市別	四川省	福建省	廣西省
計算數	76,539,344	860,299	94,725
剔除數	76,539,344	860,299	94,725
存查數			

省市別	甘肅省	上海市	重慶市	總計
計算數	105,354,494	573,343,438	2,189,723,786	3,172,994,995
剔除數			87,800,136	165,495,909
存查數	105,354,494	573,343,438	2,101,923,650	3,007,499,086

各省市審計處審核三十五年度縣地方財政歲入統計表

省市別	湖南省	四川省	福建省
計算數	2,216,739,225	44,345	31,400,227
核准數		44,345	31,400,227
存查數	2,216,739,225		

省市別	甘肅省	總計
計算數	138,215,085	2,386,398,882
核准數		31,444,572
存查數	138,215,085	2,354,954,310

各省市審計處審核三十五年度縣地方財政歲出統計表

省市別	江蘇省	浙江省	安徽省
計算數	138,306,292	2,589,989,552	85,986,345
剔除數	2,303,317	15,295,631	122,220
核准數及存查數	102,515,876	2,574,693,920	78,185,398
審核數	33,487,099		7,738,727

省市別	江西省	湖北省	湖南省
計算數	388,625,892	285,251,048	1,424,535,295
剔除數	278,575	1,268,623	515,647
核准數及存查數	388,347,317	283,982,425	1,094,167,959
審核數			329,851,689

省市別	四川省	福建省	貴州省
計算數	141,036,586	2,080,260,883	50,091,939
剔除數		25,373,069	
核准數及存查數	141,036,586	972,886,744	2,791,500
審核數		1,082,101,070	47,300,439

省市別	陝西省	甘肅省	總計
計算數	174,426,312	35,172,399	7,393,682,542
剔除數			45,057,082
核准數及存查數	174,426,312	35,172,399	5,848,146,436
審核數			1,500,479,024

第五章　建議改正之事項

　　關於各機關財務上應行改正之事項，業經本部於歷次報告書中分別建議提供採擇在案，茲依本年度審計之結果，認為亟須改進者賡續建議如次：

　　一、追加預算案應在國庫收支結束限期前清結：本年度復員伊始，百廢待興，物價節節增高，各機關經臨費用追加頻繁，緊急命令撥付款項為數更鉅，遂至年度終了仍有多數追加法案尚待核定，影響所及，不特國庫收束之期一再展緩，而次年度預算之編審亦失其準則，嗣後每年度當國庫收支結束以前，對於追加預算或補辦追加之法案，應限期報請核定，以便清結年度。

　　二、徵課機關稅款應依法繳庫：查各徵課機關稅款不得擅自動支或挪用，歷經國府明令通飭有案，惟徵課機關多未能遵照辦理，其有自行收納之稅款超過法定期限延不繳庫者，或任意挪用及墊付其他費用者，此種不法情形影響國家庫帑至鉅，擬請財政部嚴令各經徵機關，依照公庫法之規定切實辦理，其有自行收納保管之款，亦應依限彙解不得擅自運用，以裕公帑。

　　三、營業盈餘應規定分配標準：查公有營業機關之計算盈虧，向無統一分配標準，以致盈餘如何分配，虧損如何撥補，審核上殊感困難。又各營業機關每年度應行解庫之盈餘多延不繳納，不獨影響國家歲入，其非法提撥發生流弊者亦復不少，業於三十四年度建議在案，迄今尚未規定辦法，擬請速予釐訂，以利審核。

四、各省市歲入歲出總預算之編送審定應請依法定期間完成：查三十五年度自七月份起，財政收支系統改制，各省市收支與中央劃分，除收支不敷者由中央補助外，餘以自給自足為原則，故下半年度各省市地方歲入歲出總預算之編送審定，格外羈遲，審計機關監督執行頗感困難，嗣後擬請政府通令各省市，對於每年度歲入歲出總預算應依限編報，並依法定期間核定完成，以利計政。

五、各機關分配預算會計報告及年度決算應依限送審不得遲延：查各機關分配預算之送達，會計報告之送審，年度決算之編製，審核通知之聲復，法令均有限制，不得延逾。乃近年各機關多有未能依限送審，甚至經年累月積不編報，一旦機關改組，人事更調，則傾其所有併案送達，迨審核完竣行文查詢，則以事隔經年，機關改組或人員星散、行蹤不明為詞，請從寬核准，免予深究，以致懸案層出無從清結，應請通飭各機關，對於前列各項應依限送審，不得遲延。

民國史料 40

抗戰勝利前後國民政府的審計工作（1946）

The Audit of Nationalist Government,1946

編　　者	民國歷史文化學社編輯部
總 編 輯	陳新林、呂芳上
執行編輯	林育薇
文字編輯	林弘毅
美術編輯	溫心忻

出　　版　　🛡 **開源書局出版有限公司**

香港金鐘夏愨道 18 號海富中心
1 座 26 樓 06 室
TEL：+852-35860995

✿ **民國歷史文化學社** 有限公司

10646 台北市大安區羅斯福路三段
37 號 7 樓之 1
TEL：+886-2-2369-6912
FAX：+886-2-2369-6990

初版一刷	2020 年 11 月 30 日
定　　價	新台幣 350 元
	港　幣　90 元
	美　元　13 元
I S B N	978-986-99448-8-5
印　　刷	長達印刷有限公司

台北市西園路二段 50 巷 4 弄 21 號
TEL：+886-2-2304-0488

http://www.rchcs.com.tw

版權所有・翻印必究
如有破損、缺頁或裝訂錯誤
請寄回民國歷史文化學社有限公司更換

國家圖書館出版品預行編目 (CIP) 資料

抗戰勝利前後國民政府的審計工作 . 1946 = The audit of Nationalist Government. 1946/ 民國歷史文化學社編輯部編 . -- 初版 . -- 臺北市 : 民國歷史文化學社有限公司 ,2020.11

面 ;　公分 . --(民國史料 ;40)

ISBN 978-986-99448-8-5 (平裝)

1. 審計　2. 國民政府　3. 民國史

564.992　　　　　　　　　　109017323